李丹丹 編著

寶塔珍品

崇聖寺三塔是雲南古代歷史文化象徵，也是中國南方最古老雄偉建築之一。

民間厚重歷史和文化底蘊繪一六和塔破一之謎命名，六和塔一和教，取一六和塔內存有五代經卷，歷代皇室將南宋元明清五個朝代的珍貴碑件封織於律成近年，以精湛和雄偉平歷經歲月的建藝術和雄偉天麗的修復，身姿成為中外馳名的美景。

木構大塔比義大利比薩斜塔塔一釋迦塔是中國現存唯一純木構大利巴黎其別摧法國巴黎其建鐵塔並稱世界三大奇塔……

目錄

序言 5

大理象徵　崇聖寺三塔 7

傳觀音助南詔大理建國 7

南詔崇佛治水建三塔 15

修建規模弘大的崇聖寺 24

高僧募化鑄造雨銅觀音像 33

古塔激起詩人的創作激情 38

歷朝精心維護禮佛聖塔 43

天地四方　西湖六和塔 53

錢王集中萬名強兵射潮神 53

六和填石鎮江制服龍王 62

六和塔無辜替皇受難 67

重生後的六和塔再遭磨難 71

乾隆皇帝偏愛六和塔 76

朱智再次捐資重修六和塔 83

天下第一塔　開封鐵塔 87

古城上空傳來的聲音 87

兩朝皇帝眷顧獨居寺 92

名匠喻浩建造靈感塔 97

仁宗一意孤行重建寶塔 102

鐵塔遭遇戰火仍巋立荒野 108

歷代名人吟詩作賦贊鐵塔 112

接引佛銅像永伴孤塔旁 124

純木大塔　釋迦塔 ⋯⋯⋯⋯⋯⋯⋯⋯⋯⋯⋯⋯⋯⋯⋯⋯⋯⋯⋯ **127**

魯班兄妹打賭一夜建塔 ⋯⋯⋯⋯⋯⋯⋯⋯⋯⋯⋯⋯⋯⋯⋯⋯ 127

蓮花台下的八大力士 ⋯⋯⋯⋯⋯⋯⋯⋯⋯⋯⋯⋯⋯⋯⋯⋯⋯ 133

石獅子旁的夜半唉聲 ⋯⋯⋯⋯⋯⋯⋯⋯⋯⋯⋯⋯⋯⋯⋯⋯⋯ 138

名人登塔題匾永留後世 ⋯⋯⋯⋯⋯⋯⋯⋯⋯⋯⋯⋯⋯⋯⋯ 144

古塔薈萃　四大古塔 ⋯⋯⋯⋯⋯⋯⋯⋯⋯⋯⋯⋯⋯⋯⋯⋯⋯⋯⋯ **151**

穆桂英點將台化為一百零八塔 ⋯⋯⋯⋯⋯⋯⋯⋯⋯⋯ 151

魯班建造居庸關雲台過街塔 ⋯⋯⋯⋯⋯⋯⋯⋯⋯⋯⋯ 162

工匠受仙人點化建成飛虹塔 ⋯⋯⋯⋯⋯⋯⋯⋯⋯⋯⋯ 168

朱棣下令仿照圖樣建寶塔 ⋯⋯⋯⋯⋯⋯⋯⋯⋯⋯⋯⋯ 179

序言

文化是民族的血脈，是人民的精神家園。

文化是立國之根，最終體現在文化的發展繁榮。博大精深的中國優秀傳統文化是我們在世界文化激盪中站穩腳跟的根基。中華文化源遠流長，積澱著中華民族最深層的精神追求，代表著中華民族獨特的精神標識，為中華民族生生不息、發展壯大提供了豐厚滋養。我們要認識中華文化的獨特創造、價值理念、鮮明特色，增強文化自信和價值自信。

面對世界各國形形色色的文化現象，面對各種眼花繚亂的現代傳媒，要堅持文化自信，古為今用、洋為中用、推陳出新，有鑑別地加以對待，有揚棄地予以繼承，傳承和昇華中華優秀傳統文化，增強國家文化軟實力。

浩浩歷史長河，熊熊文明薪火，中華文化源遠流長，滾滾黃河、滔滔長江，是最直接源頭，這兩大文化浪濤經過千百年沖刷洗禮和不斷交流、融合以及沉澱，最終形成了求同存異、兼收並蓄的輝煌燦爛的中華文明，也是世界上唯一綿延不絕而從沒中斷的古老文化，並始終充滿了生機與活力。

中華文化曾是東方文化搖籃，也是推動世界文明不斷前行的動力之一。早在五百年前，中華文化的四大發明催生了歐洲文藝復興運動和地理大發現。中國四大發明先後傳到西方，對於促進西方工業社會發展和形成，曾造成了重要作用。

中華文化的力量，已經深深熔鑄到我們的生命力、創造力和凝聚力中，是我們民族的基因。中華民族的精神，也已深深植根於綿延數千年的優秀文化傳統之中，是我們的精神家園。

總之，中華文化博大精深，是中華各族人民五千年來創造、傳承下來的物質文明和精神文明的總和，其內容包羅萬象，浩若星漢，具有很強文化縱深，蘊含豐富寶藏。我們要實現中華文化偉大復興，首先要站在傳統文化前沿，薪火相傳，一脈相承，弘揚和發展五千年來優秀的、光明的、先進的、科學的、文明的和自豪的文化現象，融合古今中外一切文化精華，構建具有

中國特色的現代民族文化，向世界和未來展示中華民族的文化力量、文化價值、文化形態與文化風采。

為此，在有關專家指導下，我們收集整理了大量古今資料和最新研究成果，特別編撰了本套大型書系。主要包括獨具特色的語言文字、浩如煙海的文化典籍、名揚世界的科技工藝、異彩紛呈的文學藝術、充滿智慧的中國哲學、完備而深刻的倫理道德、古風古韻的建築遺存、深具內涵的自然名勝、悠久傳承的歷史文明，還有各具特色又相互交融的地域文化和民族文化等，充分顯示了中華民族厚重文化底蘊和強大民族凝聚力，具有極強系統性、廣博性和規模性。

本套書系的特點是全景展現，縱橫捭闔，內容採取講故事的方式進行敘述，語言通俗，明白曉暢，圖文並茂，形象直觀，古風古韻，格調高雅，具有很強的可讀性、欣賞性、知識性和延伸性，能夠讓廣大讀者全面觸摸和感受中華文化的豐富內涵。

大理象徵　崇聖寺三塔

　　崇聖寺三塔位於雲南大理以北一千五百米的蒼山應樂峰下的原崇聖寺正前方。它背後是終年積雪的蒼山，前面是碧波蕩漾的餌海，與「玉洱銀蒼」渾然一體，展現出一種自然、典雅的東方美。崇聖寺初建於南詔豐佑年間，大塔「千尋塔」先建，南北小塔後建，寺中立塔，故塔以寺得名。崇聖寺三塔是雲南古代歷史文化的象徵，也是中國南方最古老、最雄偉的建築之一。

▌傳觀音助南詔大理建國

■阿嵯耶观音塑像

傳說，阿嵯耶觀音初到大理地區的平普涅一帶時，他不惜用肉體生命來感化生靈，希望將人們從愚頑狀態中解救出來。不僅如此，觀音還為這裡的人們做過許多善事，最主要的就是為南詔國選定了開國皇帝。

　　傳說在南詔建國之前，雲南西部地區一直由白國統治著各部族。

　　張樂進求是當時白國的國王，他有三個姑娘，大姑娘和二姑娘性情文靜，十分聽話，父王很喜歡她倆。

　　三姑娘名叫金姑，雖然她也很聰明能幹，能歌善舞，但由於她性情倔強，連父王都敢回嘴。為此，張樂進求不像喜歡大姑娘和二姑娘那樣喜歡她。

■大理白族照壁建築

　　有一次，張樂進求帶著家小回家鄉祭祖。在一個大白月亮的晚上，金姑背著家人偷偷地跑到洱海邊，與白族青年男女一起對歌玩耍去了。

　　張樂進求知道後很生氣，第二天早上便把金姑罵了一頓。金姑不但不向父王認錯，反而回了嘴，這一來，就更加惹惱了張樂進求，父王說她傷風敗俗，有損王家尊嚴，叫她永遠不要回王家門。

　　金姑萬萬沒有想到父王會如此對她，一氣之下，她便跑出家門，順著洱海，一直往南走去。雖然沿途風光十分迷人，但金姑一點心情也沒有。

　　這時她又渴又餓，筋疲力盡了。不知不覺間，金姑來到七五村東南面的二台坡，在一棵粗大的古松樹下歇息，一會兒她就睡著了。

　　黃昏時候，有個二十多歲的獵人經過這裡，他身背弓箭，肩上扛著一隻打死的麂子。當他發現大樹下睡著一個姑娘時，感到很奇怪，正要上前看個明白，忽見一條大蛇從樹上往姑娘的睡處爬來。他急忙取下弓箭對著大蛇「嗖」地一箭，就射死了大蛇。

　　白族是中國西南邊疆的一個少數民族。在四千多年前的新石器時代，白族先民就在以蒼山洱海和滇池為中心的地區生息繁衍，他們在河旁湖濱的台地上創造了早期的稻作文明，過著農耕漁獵和遊牧的生活。

■千尋塔

　　響聲驚醒了金姑，當她睜開眼睛，看到身邊有個五大三粗和滿臉麻子的男人時，她嚇了一大跳。她再看看身旁死去的大蛇，就更覺害怕了。

　　獵人憨厚地指著死去的毒蛇說：「別害怕！姑娘，我已把它射死了。我名叫細奴邏，是巍寶山的獵人，不會加害於你的。」

　　細奴邏告訴她這裡常有野獸出沒，太危險了。為防野獸，他燒起火堆，又給金姑燒麂子肉吃。金姑見他雖然長得醜陋，但心地善良，便如實相告了自己的身分。

　　巍寶山巍山縣縣城是著名的歷史文化名城，巍寶山在縣城東南約一萬米處。巍寶山是細奴邏的發祥地，相傳細奴邏年輕時在巍寶山悉心躬耕，家業逐漸興旺，由於他膽略超群，才智過人，而且家人又樂善好施，因此頗得民心。

　　細奴邏知道姑娘原來是三公主以後，也講起了自己的身世，說他原先住在哀牢山，母親名叫茉莉羌，因為發生瘟疫，父親病死後，母親便帶他來到蒙舍川以種地和狩獵為生。

　　細奴邏對金姑說：「既然白王把你攆出家門，不如你就跟我回去，我一定能讓你吃穿不愁的。」

　　金姑一時猶豫起來，想到這關係到自己的終身大事，父王不在身邊，只有祈求天神指引了，於是她便默默禱告起來。

　　這時，觀音化作一位白鬍子老人走來對金姑說：「細奴邏雖然是個獵人，但有王者之福，嫁給他吧！這是命中的姻緣！」

　　細奴邏和金姑便結成了夫妻。金姑結婚的事傳到了父王那裡，張樂進求認為女兒是被自己趕出家門的，也就沒有追究。

　　箭又名矢，是一種借助於弓、弩，靠機械力發射的具有鋒刃的遠射兵器。因其彈射方法不同，分為弓箭、弩箭和摔箭。箭的歷史是伴隨著弓的產生，遠在石器時代箭就作為人們狩獵的工具。傳說黃帝戰蚩尤於涿鹿，純用弓矢以制勝，是用弓矢之最早者。

後來，年紀越來越大的張樂進求，想找一個能繼承王位的人，他左思右想，最後決定從三個姑爺中挑選一個。他認為大姑爺和二姑爺兩個都有不足之處，一個生性多疑好嫉妒，一個好大喜功易暴怒。

張樂進求便令細奴邏夫婦前來見他。經過多次考察後，張樂進求覺得細奴邏是個精明過人、武藝超群和忠厚善良的好人。

■大理古城城樓

皮羅閣又名魁樂覺。太宗盛邏皮之子。他承襲王位後，推進了和唐朝的友好關係。公元 738 年，他被唐玄宗封為越國公，賜名歸義。經唐玄宗允準，他又統一了六詔，唐玄宗進而封他為雲南王。

張樂進求就召集文武大臣和眾酋長，按照當時的習俗，在廣場的一棵梧桐樹上掛一隻鳥籠，籠門開著，裡面放一隻金絲鳥。

文武大臣都到齊時，張樂進求便大聲說道：「我已年老體弱，無力再料理國事，今天我就準備讓位……」

白王的話還沒說完，梧桐樹上的金絲鳥忽然從籠裡飛出來，落在細奴邏的肩上大聲叫道：「天王細奴邏！天王細奴邏！」

　　在場的臣民都很驚奇。張樂進求覺得這是天意，便對眾臣們說：「你們看見了吧！這是天意，天意不可違啊！我要把王位讓給細奴邏，讓他當國王。」

　　人們早就聽說細奴邏是個有膽有識的能幹人，再加上看到剛才情景，大家個個都表示贊同。

■張樂進求塑像

　　細奴邏卻推辭說：「謝父王和大臣們恩典，只怕我治國無能，有負眾望，還請多多斟酌。」

　　白王張樂進求說：「賢婿不要再推辭了，只有你來繼承王位才最合適。」

　　細奴邏說：「既然父王如此厚愛，那就請天神最後來決斷吧！」

　　張樂進求同意了。細奴邏來到一塊大石頭面前，跪下對天盟誓：「天神在上，要是我能當王，一刀砍下去，刀進石三寸；要是我不配當王，一刀砍下去，刀不進石。」

　　說完，細奴邏就往大石上砍去，不多不少，刀砍進石頭的深度恰好是三寸。

　　張樂進求說：「看，這就是天意。」說罷高興地大笑起來。

■唐高宗李治（628～683年），字為善，唐太宗第九子，母文德順聖皇后長孫氏，公元631年封晉王。太宗去世，李治即位，是為唐高宗，時年二十二歲。

　　其實，這一切都是觀音菩薩暗中安排好的，不論是金絲鳥的叫聲，還是細奴邏用刀砍石。

　　於是，細奴邏就接受了王位，改國號為大封民國，又稱蒙舍詔，自號奇嘉王，從此，他實行世襲制，共經歷了十三代，歷時二百三十五年。

　　在這一時期，雲南西北洱海一帶，分佈著六個比較大的部落，稱為六詔。其中的蒙舍詔，在六詔的最南面，所以又稱為南詔。這六個詔為爭奪統領權進行了長期爭鬥。

公元 653 年，細奴邏敬服唐朝的高度文明，就派兒子邏盛赴長安朝見唐高宗，表示願意歸附唐朝。於是，唐高宗封細奴邏為巍州刺史，從此南詔接受了唐朝的領導。

在當時，蒙舍詔實力最強，欲求一統六詔，唐王朝為了減輕與古代藏族吐蕃的紛爭問題，大力支持南詔統一其他各個部落。

觀音又作觀世音菩薩、觀自在菩薩、光世音菩薩等，是四大菩薩之一。他相貌端莊慈祥，經常手持淨瓶楊柳，具有無量的智慧和神通，大慈大悲，普救人間疾苦。當人們遇到災難時，只要念其名號，便前往救度，所以稱觀世音。在佛教中，他是西方極樂世界教主阿彌陀佛座下的上首菩薩，同大勢至菩薩一起，是阿彌陀佛身邊的脅侍菩薩，並稱「西方三聖」。

公元 738 年，蒙舍詔第四代王皮羅閣，也就是細奴邏的曾孫，在唐王朝支持下，一舉統一了五詔，建立了統一的南詔國，並以其族姓「蒙」為國號，第二年遷都太和城，也就是大理。

傳說觀音菩薩對南詔國的建立起了決定性的作用，阿嵯耶觀音進而成為大理地區人們的精神支柱，被當地人們景仰和奉頌。後來人們稱阿嵯耶觀音為建國觀音。

人們為了感激觀音救民於水火的聖恩聖舉，紛紛捐獻各種銅器，用於鑄造觀音聖像。後來，人們在興建崇聖寺三塔時，就鑄造許多觀音的塑像。

閱讀連結

傳說張樂進求在位時的白國，強悍的外族駐紮在大理七里橋，準備大舉進攻白國。觀音菩薩巡天來到白國上空，見白國百姓就要遭到外族的屠殺，於是就施法變成一個八十多歲的老婦，背著一塊大岩石，邁著輕鬆的步子朝敵兵走去。

外族首領見此情形，就問道：「哎！你這個老太婆咋能把這麼大一塊岩石背著來？」

老婦滿不在乎地說：「我是聽說你們要來攻打白國，先來看看你們有多大本領，能不能打得過我後面的年輕人。」

外族首領又問：「後面的年輕人有多大本事？」

老婦答：「他們呀，像我背的大岩石，一隻手就輕輕舉起來，一丟就能丟到百步遠。每個人還有一把百多斤重的大刀，殺人就像切菜！」

外族首領聽了，嚇得面如土色，連忙退兵。白國兵馬借助神力，乘勢追殺，打得外族人落荒而逃。

老婦見戰事已平，就把岩石丟在七里橋，還形為觀音菩薩，回到了天上。從此，外族人不敢再來攻打白國了。

▌南詔崇佛治水建三塔

在漫長的發展史上，佛教一度是南詔國和大理國的國教。到了南詔國後期，佛教已達極勝，佛寺遍佈雲南，有小寺三千，大寺八百。經過了南詔之後的大理國，佛教比南詔時期更為發展了。

大理南詔王龍椅

　　據說南詔第三代王盛邏皮繼位後，十分崇信佛教，他曾經塑造了大黑天神聖像。據說，在塑像將成時，有一位天竺來的僧人，為大黑天神像開光。這更拉近了南詔王室與佛教的關係。

　　到了南詔第五代王閣羅鳳時，佛教密宗與王室的關係更進一步加強了，不僅國王信仰佛教密宗，在王室成員之中，還出現了像閣羅鳳弟弟閣陂和尚這樣的重要人物。

■為宣揚佛教而修建的三塔

　　王室與佛教關係的密切，還體現在對僧人的尊敬上。據記載，南詔時期，有七位天竺高僧，先後在南詔得到禮遇，號稱「七師」。

　　灌頂是佛以大慈大悲，將最好的頂法傳授給你，叫做灌頂。有「驅散」、「注入」之意，也可以譯為「授權」。梵語的意譯是原為古印度帝王即位的儀式。灌頂是藏傳佛教中最重要、最基本的宗教儀式，也是每個僧人所必須履行的過程。

　　這些僧人甚至利用一種來自於印度王室確認王子，或新登基國王獲得合法地位的儀式，為南詔諸王灌頂，即所謂「摩頂蒙氏以主斯土」。

　　為南詔諸王灌頂的這種做法，一方面使南詔國王與王室獲得了「君權神授」的權威，另一方面，因為佛教密宗阿叱力教派的地位不斷提高，在南詔社會生活中的影響不斷擴大，從而推動了佛教密宗的傳播。

　　僧人備受王室青睞和尊重的主要表現，是南詔、大理國均有封佛教密宗阿叱力教派中的高僧大德為「國師」的傳統。

　　到了南詔第十代王勸豐佑在位時期，王室成員俱皈依佛法，勸豐佑的母親還出家為尼，他的妹妹越英公主則嫁給了來自天竺的阿叱力僧贊陀屈多。

同時，勸豐佑還頒行法令，讓他的臣民虔敬三寶，每戶供佛像一堂。

就在這一時期，這裡少數民族的祖先們，為了宣揚佛教，便修建了三塔。

三寶在佛教中，稱「佛、法、僧」為三寶，佛寶指圓成佛道的本師釋迦牟尼佛；法寶指佛的一切教法，包括三藏十二部經、八萬四千法門；僧寶指依佛教法如實修行、弘揚佛法、度化眾生的出家沙門。

修建三塔，除了佛家所宣揚的可以成佛外，還有一個重要原因。據記載，大理古為「澤國」，多水患，為了鎮住造成水患的龍，根據「龍性敬塔」而修建了三塔，希望平息給百姓帶來災難的水患。

相傳那時修建三塔，採用墊一層土修一層塔的方法，當塔修好以後，才將土逐層挖去，讓塔顯露出來，因此有「堆土建塔」與「挖土現塔」之說。

建塔時所搭的橋，高的如山丘，長達十餘里。那時修塔運力不足，還用山羊來馱磚，後來大理的銀橋村，古時都稱為「塔橋村」。據古籍記載，修建三塔時：

役工匠七百七十萬，耗四萬餘金，歷時八年建成。

崇聖寺三塔最先建了大塔「千尋塔」，這是崇聖寺三塔中最大的一個塔，位於南北兩座小塔前方的中間，所以又稱中塔。塔的全名為「法界通靈明道乘塔」，塔身十六層，每層正面中央開券龕，龕內有白色大理石佛像一尊。

■最先修建起來的千尋塔

大理崇聖寺建築群

　　此塔高 69.13 米，是座方形密檐式磚塔，共十六層。其基座呈方形，分三層，下層邊長為 33.5 米，四周有石欄，欄的四角柱頭雕有石獅；上層邊長 21 米，其東面正中有石照壁，「永鎮山川」四個大字即位於此，每字 1.7 米，筆力雄渾蒼勁，氣勢磅礴，此字為沐英後裔明代黔國公孫世階所書。

　　千尋塔以白灰塗面，每級四面有供奉佛像或神位的石室或小閣，相對的兩面供佛像，稱佛龕，另兩面為窗洞。塔內裝有木骨架，塔身內壁垂直貫通上下，設有木質樓梯，循梯可達頂層，頂層有瞭望孔，從瞭望小孔中可以欣賞大理城全貌。

　　千尋塔的塔頂有金屬塔剎寶蓋、寶頂和金雞等。金雞也稱為大鵬金翅鳥，是當時雲南佛塔上常見的裝飾動物，民間稱它為「金雞」。

　　據說大鵬金翅鳥與佛教的天龍八部有關。天龍八部是佛教術語，它分別是一天眾、二龍眾、三夜叉、四乾達婆、五阿修羅、六迦樓羅、七緊那羅、八摩呼羅迦。天龍八部中的「六迦樓羅」指的就是「金翅鳥神」。

　　金雞是一種大鳥，翅有種種顏色，頭上有一顆凸起的如意珠。此鳥鳴聲悲苦，以龍為食，它每天要吃一條大龍及五百條小龍。

塔剎指佛塔頂部的裝飾，塔剎位於塔的最高處，是塔上最為顯著的標記。「剎」來源於梵文，意思為「土田」和「國」，佛教的引申義為「佛國」。各種式樣的塔都有塔剎。

　　在崇聖寺三塔所在的蒼洱之間，當時為水鄉澤國，水患頻發。佛教傳入洱海地區之後，天龍八部之一的大鵬金翅鳥，因為以龍蛇為食，而受到了南詔大理國的重視。

　　因此，崇聖寺建塔時，就建造了四隻大鵬金翅鳥，置於塔頂。不僅如此，崇聖寺以及附近的寺廟裡，還專門幫大鵬金翅鳥雕了像，以作為神來供奉。據說這隻金雞還有一個傳說呢！

　　傳說有一座山和一條河，山上住著一隻金雞，它所居住的山崖很高大，河水從山腳下流過。

■大鵬金翅鳥是神鳥，據說它的身體非常大，跟一座山似的！大鵬金翅鳥能降龍，龍一見到它，一切神通都沒有了，只能在那兒等著大鵬金翅鳥來吃它。

一天，金雞和住在河裡的龍打賭，金雞說：「如果你能把水堵到我站的這塊岩石上，我就嫁給你。」

龍聽了很高興，於是就下工夫堵水，大概用了一兩年，終於把水堵到金雞腳下。當然，金雞不可能真心想嫁給龍，只是欺騙它而已。

■大理崇聖寺

半夜裡，這只金雞在岩石上拉了一堆屎，就飛走了，從這時起，人們就把這隻金雞稱作鳳。鳳飛過了第二座山，那座山後來被人們稱為「鳳凰坡」。

過了鳳凰坡，這只金雞飛到了鳳羽壩子。當時的鳳羽壩子是個連名字都沒有的荒壩，金雞經過的時候有根羽毛掉到了壩子裡，壩子裡的人撿到了鳳的羽毛，就把當地取名叫「鳳羽」。

祝聖寺原名為迎祥寺，創建於明代，位於缽盂峰下，處全山中心位置。經虛雲法師努力，歷經十餘年修成。寺內最主要的建築是宏偉的大雄寶殿，正中供奉如來佛，兩旁為五百羅漢，全貼有金箔，望之光彩奪目。

過了鳳羽，鳳飛到大理三塔寺大塔的寶頂上落腳，它在寶頂上歇了一天一夜，老百姓都跑出來看它，但都不敢驅趕它。後來，來觀看的人越來越多，人們不但不驅趕它，反而燒香叩拜它。

就在這時，大理國國王的駙馬仗著自己的地位尊貴，態度很蠻橫，整天想著要顯一顯自己的本領大。於是，他拿出弓箭射了鳳一箭，剛好射到了鳳的膝蓋上。鳳被射傷之後就飛走了，據說當時鳳停歇的寶頂是直的，被它一下子就踩歪了。

　　鳳離開崇聖寺三塔後，飛到賓川的一座山上，它被射傷的腳掉在這座山上，就變成雞爪形狀的三座大山，當時，有和尚們把它取名叫「雞足山」。一些和尚們見這座山風水很好，於是在山上蓋起了一座寺院，這就是崇聖寺不遠的祝聖寺。

　　密檐式塔為中國佛塔主要類型之一，可以說是一種由樓閣式塔演變而來的新式佛塔，多是磚石結構。密檐式塔始於東漢或南北朝時期，盛於隋、唐，成熟於遼、金，它是由樓閣式的木塔向磚石結構發展時演變而來的。

　　稍後不久，在大理國段正嚴和段正興在位時期，又建了南、北小塔，三塔中的南、北二小塔在主塔之西，與主塔等距 70 米。兩小塔之間，南北對峙，相距 97.5 米。

　　兩小塔形制一樣，均為十層，高 42.4 米，為八角形密檐式塔，外觀裝飾成閣樓式，每角有柱，每級設平座，頂端有鎏金塔剎寶頂，非常華麗。

■大理崇聖寺鐘樓

大理三塔主塔

兩小塔的每層都有出檐，角都往上翹，不用樑柱斗拱等，以輪廓線取得藝術效果。塔的通體都抹有石炭，好似玉柱擎天。

在建築風格上兩小塔與主塔，都是具有典型的唐塔風格。三塔又都具有不同於內地古塔的兩個特點：塔層數均為偶數，而內地塔多為奇數；中原塔由基座向上直線收縮，下大上小，呈矩梯形，而三塔上下較小，中部較大，外部輪廓呈曲線。

修建三塔後，又建了規模宏大的崇聖寺。據《南詔野史》對崇聖寺記載：

基方七里，週三百餘畝，為屋八百九十間，佛一萬一千四百尊，用銅四萬五百五十斛。

有「三閣、七樓、九殿、百廈」之規模。

閱讀連結

關於修建崇聖寺三塔的年代，說法頗多。據史料記載，始建於836年。在建三塔的主塔即大塔時，唐王朝還派了恭韜、微義兩位著名的建築工匠來南詔，負責塔體的設計、施工，使中原的建築藝術在雲南連續開出絢麗而奇特的花朵。

也難怪很多專家、學者認為，大理三塔的建築風格和著名的西安大雁塔的建築風格有異曲同工之妙，這實際上也是中國古代民族團結的最好實物見證。

▌修建規模弘大的崇聖寺

公元一八七年，南詔第十一代王蒙世隆下令，在崇聖寺內鑄造一所建極大鐘。大鐘聲音宏亮，聲傳八十里仍能聽到。然而，大鐘不幸在一八五六年至一八七二年間毀於戰亂。後來，重鑄的南詔建極大鐘為雲南第一大鐘。

崇聖寺山門設有三道門，故又稱三門，象徵著佛教的「三解脫門」。山門兩旁，塑有哼哈二將。

崇聖寺山門

　　東方琉璃世界是藥師佛的淨土，藥師佛也就是藥師琉璃光如來佛的簡稱，據佛經記載藥師琉璃光佛手持藥鉢，醫治一切眾生之病源和無名痼疾，藥師佛的十二大願中，其中最令人矚目的一條是「除一切眾生病，令身心安樂。」

　　進入崇聖寺山門後，左邊是財神殿。殿內供奉騎於虎上的金甲財神像。金甲財神為趙公明，傳說《封神演義》中，趙公明曾在峨眉山羅浮洞修道，後身跨黑虎，助紂為虐，死後被姜子牙封為「財神爺」。也有人說，金甲財神為北方多聞天王，因為他別名施財天，相當於中國的財神爺。

　　進入山門的右邊，就是藥師殿。藥師殿供奉一尊高 1.6 米的坐姿藥師佛像。藥師佛是梵文音譯，全稱是「藥師琉璃光如來」，亦名「醫王善逝」「大醫王佛」。藥師佛是東方淨玻璃世界的教主，與釋迦牟尼佛、阿彌陀佛並稱為橫三世佛。而與其脅侍日光菩薩、月光菩薩合稱「東方三聖」。

　　據《藥師經》上說，藥師佛過去世行菩薩道時，曾發十二大願，願為眾生解除疾苦，使具足諸根，趨入解脫，故依此願而成佛，住東方琉璃世界，其國土莊嚴如極樂國。

■大理崇聖寺財神殿

■大理崇聖寺藥師殿

　　在財神殿和藥師殿的背後，分別是鐘樓和鼓樓。在左側為鼓樓，內置直徑達 3.1 米的牛皮大鼓，也是後來全國佛教寺院中最大的牛皮鼓。

　　右側為鐘樓，內置銅鐘。晨鐘暮鼓，正是佛寺僧侶們清苦淡泊、青燈古佛、虔心修行、精勤求佛的精神所在，鐘、鼓也是號令僧尼的法器，是僧尼起居飲食的依止。

　　寺內的天王殿，又稱為護法殿。天王殿為仿明代建築，廡殿頂單檐五開間，中間供奉的是在佛教密宗及大理地區，影響比較大的護神大黑天神。

　　大黑天神在密宗裡屬於戰神，據說禮祀此神，可增威德，舉事能勝。為何在大理地區供奉大黑天神，還有一個神話故事。

　　傳說大黑天神是玉帝前的一名掌管天下疾病和藥物的天神，玉帝聽信讒言，派了大黑天神攜帶瘟疫和疾病到大理進行傳播。

　　財神是中國民間普遍供奉的一種主管財富的神明。財神是道教俗神，民間流傳著多種不同版本的說法，月財神趙公明被奉為正財神，李詭祖、比干、范蠡、瀏海被奉為文財神，鍾馗和關公被奉為賜福鎮宅的武財神。日春神青帝和月財神趙公明合稱為「春福」，日月二神過年時常貼在門上。

■大理崇聖寺天王殿

當大黑天神到了大理以後，他發現大理的人民勤勞善良，並非像玉帝所說。於是，大黑天神自己就把所有的瘟疫和疾病吃掉，全身發黑而死。後來，大理的人民為了感謝他，就把他作為護法神加以供奉。後來大理的很多村落還把他奉為自己的本主。

彌勒是梵語，意為「慈氏」。他名叫阿逸多，生於南天竺的貴族家庭，後成為釋迦牟尼的弟子，並先於釋迦入滅，上生兜率天內院，做了補處菩薩，後補佛。由於彌勒胸腹袒露、眉開眼笑，使人一看便覺心情放鬆，因而彌勒成了中國人心目中最為和藹可親的宗教人物。

在天王殿大黑天神的兩邊，還供奉有四大天王像，分別是手持琵琶的東方持國天王、手持寶劍的南方增長天王、手持蛇的西方廣目天王和手持雨傘的北方多聞天王，它們分別代表了風、調、雨、順。

天王殿之後是彌勒殿，它為仿宋代單檐廡殿頂七開間建築，採用莊嚴典雅的和璽彩。中前供彌勒菩薩，背後供韋馱像，兩邊列天龍八部之龍部。

彌勒殿的彌勒像高3.7米，姿態為坐姿，體形肥胖、袒胸露腹，大肚凸出、手掐串珠，笑口常開，為身著僧衣的金色聖像。

有楹聯說:「大肚能容,容天下難容之事;開口便笑,笑世間可笑之人。」正是他豁達、灑脫、寬容的蘊涵,成為中國民間信眾的做人信條。

　　琵琶一種傳統的彈撥樂器,已經有兩千多年歷史。最早被稱為「琵琶」的樂器大約在中國秦朝出現。「琵琶」二字中的「珏」意為「二玉相碰,發出悅耳碰擊聲」,表示這是一種以彈碰琴弦的方式發聲的樂器。「比」指「琴弦等列」。「巴」指的是這種樂器總是附著在演奏者身上,和琴瑟不接觸人體相異。

　　彌勒殿的韋馱像是立像,高 3 米。韋馱是二十諸天中地位最為顯赫的天神之一。相傳他是南方增長天王手下的一員神將,其職責是保護東、南、西三洲的出家僧眾,所以深受佛教的崇敬,是一般寺院必奉的護法神。

　　據佛教傳說,在佛祖涅槃時,有兩個「疾捷鬼」偷走了佛祖的兩顆牙齒舍利,幸好被韋馱發現,急起直追,才得以取還。故韋馱的塑像常塑於彌勒像背後,面對大雄寶殿以示警戒。

■大理崇聖寺彌勒殿

■大理崇聖寺觀音殿

　　在佛教寺廟中，韋馱的形象如跟中國古代的將軍。戴金盔，穿金甲，手執金剛杵，威風凜凜。彌勒殿的這尊韋馱的姿勢是雙手合十，金剛杵擱在手腕上，挺直站立，表示該寺是十方叢林大寺，具備接待雲游僧人和居士的能力。

　　韋馱在佛教寺廟中，韋馱的形象如同中國古代的將軍。戴金盔，穿金甲，手執金剛杵，威風凜凜。彌勒殿的這尊韋馱的姿勢是雙手合十，金剛杵擱在手腕上，挺直站立，表示該寺是十方叢林大寺，具備接待雲游僧人和居士的能力。

　　彌勒殿的大殿兩邊的塑像為天龍八部中的龍部眾，即八部龍王。龍可以興雲布雨，令眾生熱惱消滅，並守護佛法，是吉祥與威嚴的象徵。

　　崇聖寺的觀音殿，又名十一面觀音殿，它是崇聖寺第三大殿。觀音殿屬於仿明代建築，重檐五開間，正中供奉有十一面觀音像。崇聖寺十一面觀音像的由來，還有一個傳說。據說，天寶戰爭中，觀音託夢閣羅鳳，鑄十一面觀音像，才退敵軍，拯救了南詔國。正如名字所說，崇聖寺觀音殿的十一面觀音像共有十一個顏面。一面，化惡有情；二面慈面，化善有情；三面寂靜面，

化導出世淨業。這三面教化三界便有九面。第十面為暴笑面,表示教化事業需要有極大威嚴和極大意志方能無懈而有成就。最上一面為佛地,功德圓滿。

觀音殿兩邊的神像都是觀音化身。為什麼內地的觀音只有六個化身,而這卻有八個?這是因為在觀音六化的基礎上,大理人民又加上了在本地流傳比較廣的觀音的兩個化身,即易長觀音和建國觀音。

在觀音殿外面的格子門上,刻有在大理地區流傳比較廣的觀音十八變的故事。上面一層是繪畫,下面一層就是所對應的文字說明。其中的建國觀音就是通常所講的梵僧觀音,因為他曾經點化南詔國第一代國王細奴羅,幫助細奴羅建立了南詔國,故名建國觀音。

在觀音殿的兩邊,分別是南北羅漢堂,這裡供奉的是五百羅漢。關於五百羅漢還有一個故事。據說古印度有五百強盜,被俘後,全部挖去雙眼放至山林。在山林裡,失明的眾強盜日夜啼哭,佛祖聽到後,大發慈悲,用神藥使他們復明,五百強盜從此皈依佛門。經多年修行,這五百個皈依佛門的人,終於得成正果,成為羅漢。

大理崇聖寺羅漢堂

蛟龍　蛟和龍是不同的生物,蛟龍是蛟和龍交而成。雖然都有強大的力量,卻一正一邪,有本質不同。龍則是中國傳說中的一種善變化、能興雲雨、

利萬物的神異動物，為眾鱗蟲之長，四靈之首。龍在神話中是海底世界的主宰，在民間是祥瑞象徵，在古時則是帝王統治的化身。

經過重重殿堂，就到了崇聖寺的主體建築大雄寶殿。大雄寶殿，高大敞亮，金碧輝煌，為仿北京故宮太和殿修建。重檐九開間，有三層台基，殿面闊 51.7 米，高 26 米，為全國佛教寺院中體量最大的殿。

大雄寶殿內的神像造型和排列順序，完全按照「釋迦牟尼佛會圖」進行雕塑和排列。正中供奉有華嚴三聖，即如來佛、文殊菩薩、普賢菩薩。在文殊菩薩和普賢菩薩兩邊，分別是觀音菩薩和大勢至菩薩，觀音菩薩、大勢至菩薩和極樂世界的阿彌陀佛稱為東方三聖。

大雄寶殿內還有木雕的《大理國張勝溫畫梵像卷》，在天花板上，還雕有一條蒼酋有勁的蛟龍，有雲雨翻騰之勢，稱為天龍。

大雄寶殿的左邊是祖師殿，右邊是高僧殿，後面是阿嵯耶觀音閣，觀音閣前面是一組「九龍浴太子」的石雕。

■大理崇聖寺「九龍浴佛」石雕

大理崇聖寺觀音殿

傳說，佛祖從母親的腋下出生後，有九條龍同時噴水，幫太子洗去身上的汙穢。「九龍浴太子」石雕後面的壁畫，就再現了這個傳說故事。

過了崇聖寺山海大觀石牌坊，就到了崇聖寺中軸線上的最後一個建築望海樓。它是三重簷明清式樓閣，這裡四周松柏滴翠，樓立林中，登樓可眺望大理全景，蒼洱毓秀，盡收眼底。

閱讀連結

崇聖寺三塔裡有藏傳佛教特點的兩種法器，一是五組轉經筒，轉經筒上下兩端固以軸承可以轉動，周圍刻有《平安經》、《般若波羅密心經》、《金剛經》和《妙法蓮花經》。

另一個是五組金剛杵。金剛杵俗名降魔杵，原係古印度的一種兵器，後來成為密宗的一種法器，常為金剛力士護法所持。崇聖寺三塔裡的金剛杵，是阿吒力僧誦經時的手持之物，數量極多。傳說「不持金剛杵唸誦，無由得成就」。

杵分單面獨股杵，雙面獨股杵，雙面三股杵，雙面五股杵。崇聖寺內的五件金剛杵，最大的一件，高6米，直徑1米。體現了藏傳佛教的思想，經筒上刻有經文，口唸經文，轉動經筒，給人帶來平安。

高僧募化鑄造雨銅觀音像

崇聖寺阿嵯耶觀音

　　據說，崇聖寺雨銅觀音鑄造於公元八八九年。在大理崇聖寺，有一位高僧，他曾發誓終生募化，來鑄一件銅觀音像。經過多年的努力，高僧終於募捐到了一些錢，於是開始了鑄銅像工作。

　　然而，當鑄至到觀音像的肩部時，所準備的銅就已經全部用盡。正在高僧和工匠一籌莫展之際，天上突然降下銅雨，滿地滾動著銅屑。

高僧滿心歡喜地取銅雨來鑄造觀音像，讓人不可思議的是，天上降下的銅屑竟然不多不少，剛好夠造銅觀音所需之銅。

重新修建的雨銅觀音殿

　　銅像鑄造成功後，高僧以為冥冥中有神相助，於是給塑像取名為「雨銅觀音」。此外，還有一種說法是南詔清平官，也就是宰相鄭買嗣滅南詔蒙氏政權，自立大長和國之後，鑄佛萬尊以為他殺南詔王室八百人的懺悔，並集十六國之銅鑄造了一尊高 5.3 米的雨銅觀音像。

　　雨銅觀音其像莊嚴靜美，細腰跣足，造型精美。雨銅觀音殿前廊有大鐘，天井南北各有一尊小塔，大殿的漏閣中供地母神，大殿對面還塑韋陀菩薩，格局精妙。

　　公元一五一四年五月六日，大理發生地震，崇聖寺遭受嚴重破壞，塔裂 1 米多，除雨銅觀音殿尚存外，其餘殿堂樓房盡毀，貴重文物喪失殆盡。

　　公元一八五一年至公元一八六一年，雨銅觀音殿毀於大火，銅像的兩手及衣角亦有損壞。直到公元一八九六年，時任大理提督的蔡標，才將其損壞的部分修復。

原有的雨銅觀音由烏銅鑄成，這種烏銅傳說出自緬甸，其特點是即使埋到土中許久都不會生銅綠。但這次補鑄上的部分由青銅鑄成，其光澤和質量就不如原有的烏銅好了。

到了二十世紀，雨銅觀音殿及殿內諸多寶物都遭到毀壞，到一九九九年，人們在原先的舊址上擴大重建。

新建的雨銅觀音殿高 29.99 米，占地面積約 8100 平方米，建築面積約 4380 多平方米。殿內居中的 2.2 米高的漢白玉須彌座上，有 1.8 米的貼金銅鑄蓮花座，蓮花座上站立有 8.6 米高銅鑄貼金的雨銅觀音。

重鑄的雨銅觀音是根據清末遺存照片精心複製，重 11 噸。慈祥、善良的女性的臉，結實挺拔的男性的身材，是典型南詔中、晚期大理地區男性觀音向女性觀音過渡時期的造像。

在雨銅觀音左手邊的兩座漢白玉須彌座上，靠東鑄有坐著的水月觀音，它是仿造千尋塔出土文物中一尊玉質的水月觀音所鑄。

靠西邊鑄有站著的阿嵯耶觀音，它是仿造千尋塔出土文物中一尊高 24 釐米高的金質阿嵯耶觀音像所鑄。大理地區盛行的是大乘佛教中密宗的阿吒力教，對觀音的崇拜勝過對佛的崇拜。阿嵯耶觀音是大理地區最被崇拜的一尊觀音，是大理的主尊觀音。

阿嵯耶觀音的造型比較獨特，不同於中原地區的觀音，中原地區的觀音皆為慈祥的女性形象，而阿嵯耶觀音是產生於男相觀音向女相觀音過渡時期的觀音，呈男身女像，是大理地區所特有的一尊觀音。又被譽為「雲南的福星」。

崇聖寺梵僧觀音像

在雨銅觀音右手邊的兩座漢白玉須彌座上，靠東鑄有坐著的男身梵僧觀音，它是阿嵯耶觀音的化身，因其曾助南詔國開基立業，尊為建國觀音。

靠西鑄有手執金繩負石的觀音，它是阿嵯耶觀音的化身，根據民間傳說中的觀音老母所鑄。南詔時有強敵入侵大理，阿嵯耶觀音聞訊化為一白族老嫗，負巨石立道旁，敵兵驚其神力，嫗曰：「吾老也，只能負小石，年輕人皆負石更大。」敵聞之喪膽，不戰而退。大理人尊為觀音老母，專建大石庵予以供奉，並稱之為觀音老母。

雨銅觀音與左右兩邊的四位觀音全都鑄造得栩栩如生、唯妙唯肖，在大殿中金光閃閃，交相輝映，顯得特別莊重、氣派、富麗堂皇。

■崇聖寺負石觀音像

在雨銅觀音殿的二樓，有兩組畫卷彩圖。一組是唐宋時期為南詔、大理國宮藏珍品，人稱中華傳世珍寶的《南詔國史圖傳》之摹本，另一組是被認為可與《清明上河圖》相媲美，並與其一起被美譽為「南北雙驕」的《張勝溫畫梵像卷》之摹本。

閱讀連結

在雨銅觀音右手邊的兩座漢白玉須彌座上，靠東鑄有坐著的男身梵僧觀音，它是阿嵯耶觀音的化身，因其曾助南詔國開基立業，尊為建國觀音。靠西鑄有手執金繩負石的觀音，它也是阿嵯耶觀音的化身。

雨銅觀音與左右兩邊的四位觀音全都鑄造得栩栩如生、唯妙唯肖，在大殿中金光閃閃，交相輝映，顯得特別莊重、氣派、富麗堂皇。

▌古塔激起詩人的創作激情

　　崇聖寺三塔興建於中華詩詞鼎盛時期的唐朝，因此，從唐朝時起，就有不少詩詞與崇聖寺三塔有關。唐朝以後的宋、元、明、清各朝，亦有不少佳作與崇聖寺三塔有關。

崇聖寺三塔

　　以登臨懷古見長的唐代詩人許渾，曾經到訪過崇聖寺。在許渾一生流傳下來不多的詩詞中，竟有四首與崇聖寺有關：

■崇聖寺

寓崇聖寺懷李校書

幾日臥南亭，捲簾秋月清。

河關初罷夢，池閣更含情。

寒露潤金井，高風飄玉箏。

前年共遊客，刀筆事戎旃。

崇聖寺別楊至之

蕭寺暫相逢，離憂滿病容。

寒齋秋少燕，陰壁夜多蛩。

樹暗水千里，山深雲萬重。

懷君在書信，莫過雁回峰。

唐詩泛指創作於唐代的詩。唐代被視為中國各朝代舊詩最為豐富的朝代，因此有唐詩、宋詞之說。大部分唐詩都收錄在《全唐詩》，自從唐朝開始，有關唐詩的選本不斷湧現，而流傳最廣的當屬《唐詩三百首》。

題崇聖寺

西林本行殿，池榭日坡陀。

雨過水初漲，雲開山漸多。

曉街垂御柳，秋院閉宮莎。

借問龍歸處，鼎湖空碧波。

下第寓居崇聖寺感事

懷土泣京華，舊山歸路賒。

靜依禪客院，幽學野人家。

林晚鳥爭樹，園春蝶護花。

東門有閒地，誰種邵平瓜。

許渾的作品追撫山河陳跡，俯仰古今興廢，頗有蒼涼悲慨之意。元朝時曾經在雲南任諸路行中書省參知政事的李源道，和崇聖寺關係密切。他曾經為崇聖寺的《大崇聖寺碑銘》碑刻撰過文。

李源道在雲南期間，曾經多次到訪過崇聖寺，他在《遊大理崇聖寺》中寫道：

崇聖寺內古建

古塔參差映寶曇，令人偶誤一身三。

佛光忽作長虹起，世味寧如瑞露甘。

把茗對山雲戀戀，看花著履雨毶毶。

唐家舊跡今無幾，彈指興亡可盡談。

■崇聖寺大雄寶殿

崇聖寺的宏偉與繁華，幽雅與靈秀，使無數個詩人為之傾倒。明代詩人李霖在一首名為《登三塔寺》的詩中寫道：

山上花宮水上樓，彩雲城郭望中收。

峰連十九截元豹，海闊三千起玉蚪。

六詔文章漢儒雅，百年人物晉風流。

憑欄此目堪乘興，材履何時更十洲？

詩中「山上花宮水上樓，彩雲城郭望中收」之句，寫出了在崇聖寺登高望遠的壯麗景象。

李元陽白族，雲南大理人。他始終甘於清貧，矢志不移，悉心致力於家鄉的文化教育事業，創辦中奚谷書院，培養白族學子，修建古寺古塔，搜存歷代文物。特別是在崇聖寺三塔的保護維修上做了許多工作，因而使其倖存了下來，能夠相沿至今，其功可謂大矣！

崇聖寺觀音殿

　　明代詩人彭繼在一個明媚的春日，也曾到崇聖寺三塔遊玩，並寫下了《春日遊三塔》。詩曰：

　　松桂陰陰入翠微，上方台殿對朝暉。

　　檻前海色連雲碧，雲處朱霞伴鶴飛。

　　小院深深懸雪璋，深林老樹掛苔衣。

　　攜壺踏遍花開處，明月窺人上竹扉。

　　在彭繼的筆下，崇聖寺三塔巍然屹立，它見證著古寺的雄偉與繁華，幽雅與靈秀。

　　明代官員李元陽與崇聖寺關係密切。他晚年歸隱大理，捐資修復崇聖寺三塔、弘聖寺塔等。

　　李元陽一生用三十多年的時間重修崇聖寺，其功績得到了世人的認可。李元陽死後，他的墓被建在了崇聖寺雨銅殿舊址西南，並成為崇聖寺一景。清代人張復遊覽崇聖寺三塔時，就曾寫過《拜李元陽墓》，詩曰：

　　年來詩廢恐招尤，何事登臨詠未休。

千古為憐同調少，故澆濁酒吊荒丘。

崇聖寺三塔前，有一片水池，三塔倒影於水中，形成了著名的「三塔倒影」。清代楊炳錕 就在一首名為《三塔倒影》的詩中介紹了這一美景：

佛都勝概肇中唐，三塔嶙嶙自放光。

蒼麓蟠根湖倒影，此中幻相說空王。

詩的第一句交代了崇聖寺三塔的修建年代，第二句描寫了三塔的風光，最後兩句寫出了三塔倒影的美，特別是「此中幻相說空王」之句，更是意味深遠。

閱讀連結

說到崇聖寺三塔的楹聯，首先就要提到被公認為明朝三大才子之一的楊慎。楊慎少年時聰穎，十一歲能詩，正德六年，殿試第一，被授翰林院修撰。

後來因違背明世宗意願被謫戍雲南永昌衛。楊慎居雲南三十多年，足跡遍佈雲南南部。他的這一經歷，給崇聖寺三塔帶來最大貢獻是留下了流傳千古的楹聯。楊慎的著名楹聯：

海湧玉浮屠塵卻非人間；

山開銀色界煙霞是佛都。

▌歷朝精心維護禮佛聖塔

伊洛瓦底江中國古稱大金沙江和麗水。發源於西藏，自貢山縣進入雲南，又從盈江進入緬甸。幹流在中國流經較短，但它是緬甸最大河流，緬甸人民對它十分崇敬，稱它為「天惠之河」。

崇聖寺建成之後，就成為了南詔國和大理國時期佛教活動的中心。

公元八零二年，伊洛瓦底江流域的佛教古國驃國國王雍羌和王子舒難陀，在南詔第六代王異牟尋的陪同下到崇聖寺三塔祈拜敬香。

大理國時期，第一代國王段思平酷愛佛教，《南詔野史》說：段思平「好佛，歲歲建寺，鑄佛萬尊。」

崇聖寺三塔大殿

■元世祖忽必烈元朝創建者。他興兵滅宋，統一全國，領土包括亞洲及歐洲東部，疆域之廣，前古未有。他知人善任，信用儒術，在位三十五年，死後廟號世祖。

在大理國二十二代國王中，就有九位到崇聖寺出家當和尚，他們分別是：第二代王段思英、第八代王段素隆、第九代王段素貞、第十一代王段思廉、第十三代王段壽輝、第十四代王段正明、第十五代王段正淳、第十六代王段正嚴、第十七代王段正興。

其中，第二代王段思英，即位僅一年就到崇聖寺出家了。這些國王固然也酷愛佛教，但主要是在爭奪王位的鬥爭失敗後的一種出路，因而史書上也有「遜位為僧」「避位為僧」的記載。

公元一零五六年，星邏國王耶多曾兩次到崇聖寺迎佛牙，大理國王段思廉以玉佛相贈。由於大力倡導，大理佛教非常盛行。

公元一二五三年，元世祖忽必烈征服大理國，採取懷柔政策，仍以大理國段氏子孫世襲，稱為「大理總管」。大理雖然結束了獨立局面，但「國滅教未滅」，佛教在蒼洱地區仍然得到進一步的繼承和弘揚。

■元武宗皇帝元朝第三位皇帝，他在位僅四年時間，雖然並不長，但使國內矛盾得到舒緩，元朝統治穩定而順利，全國歌舞昇平，國力強大，是元代的一位明君。

元武宗皇帝即位後，曾按照成吉思汗、忽必烈以來的聖旨體例，於公元一三一一年降下對崇聖寺進行保護的聖旨。

　　段氏第六代總管信苴隆於公元一三二五年，請翰林國史大學士雲南省參政知事李源道，撰寫記述祖先重修並立石的《大崇聖寺碑銘並序》。第二年，立下武宗皇帝的《大崇聖寺聖旨碑》。碑文中說：

■大理三塔倒影

　　碑銘意思是碑文和銘文。其中，碑文，是指刻在豎石上的文字。這種文字是專為刻碑而作。立題時，根據形式而定，或直題為某某碑，或題為某某碑銘，沒有固定的格式。有些文章雖刻在碑上，但不是為立碑而作的，就不能叫做碑文。銘文，本指古人在青銅禮器上加鑄銘文以記鑄造該器的原由、所紀念或祭祀的人物等，這裡指有韻的碑文。

　　長生天氣力裡、大福胤助裡皇帝聖旨：軍官人每根底、軍人每根底，管城子達魯花赤官人每根底，來往使臣每根底，宣諭的聖旨：成吉思皇帝、月吉皇帝、薛禪皇帝、完澤篤皇帝、曲律皇帝聖旨裡，和尚、也裡可溫、先生，不揀什麼差發休著者，告天祝壽者。

　　道來如令依在先聖旨體例裡，不揀什麼差發休當者，告天祝壽者。

磨道哈剌章有的大理崇聖寺裡，有的釋覺性、釋主通和尚根底，執把的聖旨與也。

此碑文意思是說皇上命令要把此聖旨交給崇聖寺的住持釋覺性、釋主通和尚。免去有關寺院的賦稅。屬於寺院的席舍，使臣不能隨便去住，驛站傳遞文書、迎送公差的坐騎也不能供應。

寺院的產業、園林、碾磨、店鋪、席洛、無論誰也不準奪取。主持的和尚可憑此聖旨，要大膽地保護寺產。由此可以看出，受到帝王關注的崇聖寺在元代得到了很大的發展。

到了明朝，公元一五一四年年，大理發生強烈地震，崇聖寺遭到嚴重破壞，為了保住崇聖寺這一方勝蹟，雲南大理人李元陽在僱請民工清理廢墟瓦礫的同時，奔走於城鄉之間，向官商富戶募集重修崇聖寺的銀兩。

浮屠佛教用語，又作浮頭、浮屠、佛圖，舊譯家以為佛陀之轉音。古人最早習慣稱佛教徒為浮屠，佛教為浮屠道。後來，中國佛教徒多將佛塔視為浮屠，並認為造浮屠佛塔是建立功德的事情。另外，佛塔浮屠還被佛教視為寶物和法器，如四大天王中的多聞天王，手中持的寶物就是浮屠寶塔。

忙碌之餘，他還寫了一篇《崇聖寺重器可寶者記》，文云：「寺中重器有五：一曰三塔，二曰鴻鐘，三曰雨銅觀音，四曰證道歌佛都匾，五曰三聖金像。」最後說道：「而無此重器不名全勝……冀後來具正賞者，共寶惜焉。」其意在告示後來者，對現存的重器應加強保護，對已失的重器應恢復之，使其「全勝」，永傳千秋。

■雲南大理崇聖寺

■乾隆皇帝清朝第六位皇帝，定都北京後第四位皇帝。年號乾隆，寓意「天道昌隆」。
　他25歲登基，在位六十年，是中國歷史上執政時間最長、年壽最高的皇帝。

工夫不負有心人，終於在公元一五五三年十一月間，修復崇聖寺三塔的工程竣工，有人建議李元陽寫《重修三塔碑記》，李元陽欣然應允，提筆寫道：

大理郡城之北有崇聖寺，舊號千廈，創自唐貞觀間，寺前三浮屠高侵雲表，世傳開元癸丑南詔所建，閱四十八年功成。

大明正德甲戌地大震，城堞屋廬為摧，獨三浮屠無恙，然已罅拆如破竹。嗣是風雨飄搖，日益剝泐。嘉靖庚戌閏六月六日，余乃補中塔，復作木骨，凡百日竣工，又三年癸丑始克。

碑春秋時期就已經出現「碑」這個名稱了，但它當時是宗廟裡拴供祭祀用的牲畜的石樁子。碑的結構一般分為碑首、碑身、碑座三部分。碑首主要刻些碑名，或僅起裝飾作用。碑身刻寫碑文，碑座起承重和裝飾作用。

重葺左右二塔，秋初經始，首尾歷五月。其助貲則前同邑蘇鵬程、韓鬥、淇鈺、余弟元春、元期、元和。時嘉靖三十二年十一月甲子。

此文刻石成碑後，曾立於千尋塔前側，既讓後人看到明代嘉靖年間重修崇聖寺的有關史實，也是對李元陽寓意深遠的紀念。

公元一七九一年，乾隆皇帝下令修葺崇聖寺三塔竣工後，由楊長桂撰文，刻《重修崇聖寺塔記》石碑一塊。該碑面為長 180 釐米，寬 83 釐米，文字為漢文，十二行，字體為楷書，額篆刻「重修崇聖寺三塔碑記」八字。

碑文中說：

楷書又稱正楷、楷體、正書或楷體，是漢字書法中常見的一種手寫字體風格。其字形較為正方形，不像隸書寫成扁形，是漢字手寫體的參考標準。楷體是中國古代封建社會中最為流行的一種書體，同時在摩崖石刻中也較為常見。

榆古稱澤國，多水患，昔人置浮屠鎮之，所在多有，而崇聖寺前者為最。……蓋西南第一巨觀，而龍所敬畏者也。唐貞觀年始建，明李侍御復修。

碑文中明確記述了建崇聖寺三塔的緣由、始建年代及明、清兩次復修的史實。

公元一九二五年，大理發生七級地震，城牆倒塌，民房幾近全毀，死亡者難以計數。而崇聖寺三塔之中的主塔千尋塔的南面，也被震開裂縫約一尺餘，銅塔頂也掀翻落地。塔前的「永鎮山川」石刻的「鎮」字被震落損壞。

■大理崇聖寺「永鎮山川」金字石刻

據說，此次地震中三塔倒下來的塔頂殘骸，金光燦爛，堆在雨銅觀音殿中，滿滿一屋子。這些塔頂殘骸為銅製品，據說具有避痧症的功能。因此，存到觀音殿後，或巧取或豪奪，不到半年已無半點存餘。

公元一九二七年，崇聖寺內立了一塊《重修「永鎮山川」四字記》石碑。石碑是為了重修公元一九二五年大理大地震震壞的「永鎮山川」四字時而立的，碑文簡述大理崇聖寺及寺前三塔的歷史。

公元一九六一年中國將三塔列為全國文物保護單位。

1公元九七八年，對其進行了大規模維修。這次維修中在千尋塔基座中發現了南詔、大理時期的佛教文物六百餘件，其中有大量的佛像和寫本佛經，其中有一尊金質觀音像，重 1135 克，高 24 釐米，極為珍貴。這些發現，揭開了古代大理這個「佛國」的一道神祕面紗。

崇聖寺三塔修建後，經歷了上千年風雨剝蝕，也經歷了三十餘次強地震的考驗，塔身已偏離垂直線，呈現傾斜狀態，但它依然巍然屹立在古城大理，成為大理「文獻名邦」的象徵。

閱讀連結

崇聖寺曾經被稱為南亞、東南亞一帶的皇家園寺。後來雖然崇聖寺被毀，但古老的崇聖寺三塔猶存。進入二十一世紀，人們又在三塔附近恢復重建了崇聖寺，還在三塔附近修建了三塔倒影公園。經過人們的努力，崇聖寺三塔與周圍的寺廟、公園渾然一體，每年吸引了許多名人到此參觀。

到訪過崇聖寺三塔的名人很多，既有國外名人，又有國內知名人士；既有政界、軍界要人，又有文化界知名人士，更有宗教界人士。他們的到來，給古老的三塔增添了不少光輝。

天地四方　西湖六和塔

　　六和塔位於杭州西湖之南，錢塘江畔月輪山上。始建於公元九七零年，由僧人智元禪師為鎮江潮而創建，取佛教「六和敬」之義，命名為六和塔。現在的六和塔塔身重建於南宋，又名六合塔，取「天地四方」之意。經過歷代修建，現六和塔內存有五代、南宋、元、明、清五個朝代的構件。公元一九六一年，六和塔被中國國務院定為全國重點文物保護單位。

▌錢王集中萬名強兵射潮神

　　錢塘江的潮水從來就是很大的，潮頭既高，潮水衝擊的力量又猛，因此錢塘江兩岸的堤壩，總是這邊才修好，那邊又被沖坍了。真是「黃河日修一斗金，錢江日修一斗銀」啊！

　　關於錢塘江大潮還有一個傳說呢！原先錢塘江的潮水來時，跟其他各地的潮水一樣，既沒有潮頭，也沒有聲音。

　　有一年，錢塘江邊來了一個巨人，這個巨人特別高大，一邁步就能從江這邊跨到江那邊。他平時就住在蕭山縣境內的蜀山上，沒事就引火燒鹽。人們不知道他叫什麼名字，因為他住在錢塘江邊，所以大家都叫他為「錢大王」。

　　錢大王力氣很大，他扛著自己的那條鐵扁擔，常常挑些大石塊放到江邊，過不了多久，就堆成了一座一座山。

　　有一天，錢大王去挑自己在蜀山上燒了三年零三個月的白鹽。可是，這些鹽只夠他裝一頭，因此他在扁擔的另一頭繫上了一塊大石頭，放到肩上一試，兩邊重量剛剛好，於是，他就擔起來，跨到江北岸來了。

■錢王射潮築塘雕塑

　　這時候，天氣很熱，錢大王因為才吃過午飯，有些累啦！他便放下擔子歇歇，沒想到竟然打起瞌睡來了。

　　正巧，東海龍王這時出來巡江，潮水漲了起來。漲呀漲，漲呀漲，竟然漲上了岸，把錢大王挑的鹽慢慢都溶化了。

　　東海龍王聞聞，這水怎麼這樣鹹呀？而且愈來愈鹹。他受不了，轉身就逃，沒想逃到海洋裡，竟把整個汪洋大海的水都弄鹹啦！

　　而這位錢大王呢！睡了一覺，兩眼一睜，看見扁擔一頭的石頭還放在地上，而另一頭的鹽卻沒啦！這是怎麼回事？

　　蕭山縣地處浙江南北要衝，素為策略要地。春秋戰國時，越范蠡築「固陵城」於錢塘江邊，以拒吳。五代十國時，西興、坎山等地，為吳越國王錢鏐的屯兵處。自錢塘江大橋建成和錢塘江汽車輪渡開通後，蕭山更扼南北水陸交通之咽喉，為杭州的南大門。

　　錢大王趕緊去找，找來找去，就是找不著鹽，一低頭，聞到江水裡有鹹味，怪不得鹽沒了，原來是被東海龍主給偷去了。於是，錢大王舉起扁擔就打海水。

■故事中的東海龍王塑像

　　一扁擔打得江水裡面大大小小的魚兒都震死了，兩扁擔打得江底的水翻了身，三扁擔打得東海龍王冒出水面來求饒命。

　　東海龍王戰戰兢兢地問錢大王：「究竟是什麼惹您發這麼大的脾氣啊？」

　　錢大王氣得兩眼圓睜，大聲喝道：「該死的龍王！你把我的鹽偷到什麼地方去啦？」

東海龍王也就是敖廣。在中國，東方為尊位，按周易來說東為陽，故此東海龍王排第一便是理所應當，龍是中國古代神話的四靈之一。在《西遊記》中，龍王分別是：東海敖廣、西海敖欽、南海敖潤、北海敖順，稱為四海龍王。

東海龍王這才明白海水是怎麼變鹹的了。於是，龍王連忙賠罪，就把自己如何巡江，如何無意中把錢大王的鹽溶化了，使得海洋的水也鹹起來的事情，一五一十都說了。

錢大王聽了好不氣惱，真想舉起鐵扁擔，把東海龍王砸個稀巴爛。只是東海龍王連連叩頭求饒，並答應用海水曬出鹽來賠償錢大王，並保證以後漲潮的時候就叫起來，免得錢大王再睡著了聽不見。

錢大王覺得這兩個條件還不錯，這才饒了東海龍王，他把自己的扁擔向杭州灣口一放，說道：「以後潮水來時，得從這裡叫起！」

東海龍王連連點頭答應，錢大王這才高高興興地走了。

從那個時候起，潮水一進杭州灣，就伸起脖子「嘩！嘩！嘩！」地喊叫著，漲到錢大王坐過的地方，脖子伸得頂高，叫得頂響，這就是舉世聞名的「錢江潮」了，這個地方就是海寧。

吳越國是唐末宋初五代時期十國中的一國，由浙江臨安人錢鏐所創建，以杭州為西府，越州為東府。強盛時擁有十三州疆域，包括浙江全省、江蘇東南部和福建東北部。吳越國共有五位君主。

當時，有個吳越國，吳越國的創建者名叫錢繆，勇猛無比，人們都稱他為「錢王」。

錢王治理杭州的時候，各種事情都容易辦，就是這道錢塘江的海堤修不好。潮水一天一夜兩次，只要潮水一衝擊過來，就會把海堤沖坍，叫人簡直沒辦法把海堤修築起來。

錢王手下的人很著急，都怕修不好，錢王發脾氣，可要修好它，實在太難了！大家一商量，沒法子，只好老老實實地向錢王講道：「大王，這海堤

恐怕是修不好了，因為錢塘江裡面有個潮神在跟我們作對，一等到我們把海堤修得差不多的時候，他就興風作浪，鼓起潮頭，把我們的海堤給沖坍。」

錢王一聽，氣得鬍子都豎起來了，厲聲喝道：「吥！你們這些沒用的傢伙！為什麼不把那個潮神給我拖上來宰了？」

手下人慌忙道：「這不能啊！他是潮神，在海水裡面，是跟龍王住在一起的。我們沒法去找他，何況他來的時候，是隨著潮水翻滾而來，都在潮頭的海水裡面，我們凡人，既看不到，更沒法子捉拿他呀！」

■錢繆字具美，小字婆留，杭州臨安人。五代吳越國創建者。在位四十一年。在位期間，曾徵用民工，修建錢塘江海塘，又在太湖流域，廣造堰閘，以時蓄洪，不畏旱澇，並建立水網圩區的維修制度，有利於這一地區的農業經濟。

神神話傳說中指一些具有特殊能力、並且可以長生不老的人。道家指修煉得道而獲得神通的人。中國的神仙，主要是由佛教與道教組成的。在神仙與神仙之間，遵從儒家思想。神仙既是道的化身，又是得道的楷模。神仙以濟世度人為宗旨。故道教徒既信道家，又拜神仙。

錢王聽了，兩眼直冒火星，大吼道：「呸！難道就讓這個小小的潮神來胡作非為嗎？」

手下人沒一個敢吭聲的。

錢王看了看底下的人，知道這低頭彎腰的人，都是沒有能耐的。想了一想，說道：「既然是這樣，就讓我自己去降伏他吧！到八月十八這一天，你們給我聚集一萬名弓箭手到江邊，我倒要去見見這個潮神！」

錢王為什麼要選八月十八這一天呢？因為八月十八是潮神的生日，這一天潮頭最高，水勢更是排山倒海兇猛無比，而且潮神會在這一天，騎著白馬跑在潮頭上面。

跪拜就是跪地磕頭。在中國的舊習慣中，作為臣服、崇拜或高度恭敬的表示。古人席地而坐，「坐」在地席上俯身行禮天經地義，自然而然，從平民到士大夫皆如此，並無卑賤之意。只是到了後世，由於桌椅的出現，長者坐於椅子上，拜者跪、坐於地上，「跪拜」才變成了不平等的概念。

很快八月十八這天就到了，人們在錢塘江邊搭起了一座大王台，錢王一早就到台上觀看動靜，等待潮神到來。可是，這時從當地挑選出來的一萬名弓箭手，卻稀稀疏疏的一會兒來一個，一會兒來一個，錢王見了就喝令他們心須立即聚齊到江邊，排列好陣勢。

這時有個將官，走上前來跪拜道：「大王！弓箭手跑向江邊來時，要經過一座寶石山，這個地方山路狹窄。只能容一人走過，何況過山又得爬上爬下，因此不能同時到來。」

錢王聽了，喝道：「這豈不要耽誤除滅潮神的大事嗎！」

　　錢王立刻跳上千里駒，飛也似的來到了寶石山前，一看，果然如此。他連忙跑到山巔上面，向四面望了一下，只見這山的南半邊有條裂縫。於是他坐下來，把兩只腳踩在山的裂縫處，用力一蹬，哈！這山竟然給他一下蹬開了，中間出現了一條寬寬的道路。

　　那些將士見了，人人喝彩，個個歡呼！從此，這兒就被叫做「蹬開嶺」了。沒多久，全部弓箭手就透過這條大路，到江邊聚齊了。錢王又騎著馬到處巡視一番，等他再到江邊大王台上的時候，一萬名精兵早就排好了陣勢。

　　錢江沿岸的百姓，受盡了潮水災害，修堤治水，哪個不歡喜，誰不盡力啊！如今聽說錢王射潮神，都爭著來觀戰助威，幾十里路長的江岸上，黑壓壓地擠滿了人。

■寶石山位於杭州西湖之北，與葛嶺一起成為西湖的北屏。這裡的山岩呈赫紅色，岩體中有許多閃閃發亮的紅色小石子，當朝陽或落日之時，分外耀目，彷彿數不清的寶石在熠熠生輝，寶石山因此而得名。

　　錢王見了這般聲勢，更加膽壯起來，忙叫人拿來紙筆，寫了兩句詩道：

　　為報潮神並水府，錢塘且借與錢城。

　　錢王寫完後就把詩丟進江水裡去，並大聲叱道：「喂，潮神聽了！如果你答應了，就不許把潮水湧來！假如潮水仍然要來，那就不要怪我手下無情啦！」

潮神並沒有理睬錢王的告誡，一會兒，但見遠遠一條白線，飛疾滾來，愈來愈快，愈來愈猛，等到近旁時，就像爆炸了的冰山，直向大王台衝來。

　　錢王見到了，大吼一聲到：「放箭！」話音一落，他搶先就「嗖」的一箭射了出去。

　　這時，只見萬名精兵，萬箭齊發，直射潮頭。百姓們都跺腳拍掌，大聲吶喊助威。一萬支箭射出，接著又是一萬支箭，霎時間就射出了三萬支箭，竟逼得那潮頭不敢向岸邊衝擊過來。

　　錢王又下令：「追射！」

六和泉池

錢王射潮雕塑

只見那潮頭彎彎曲曲地向西南逸去，最後消失得無影無蹤了。從這個時候起，海堤才得造成。百姓們為了紀念錢王這次射潮的功績，就把江邊的海堤，叫做「錢王堤」。

閱讀連結

傳說錢王出生時，漫天紅光，後院一片兵甲聲，他父親認為這個孩子出生不吉利，於是要將他丟掉，幸好當時被家中的一位婆婆偷樑換柱收下，因此，錢王小名又叫「錢婆留」。

錢繆年輕時，縣城裡有個叫鐘起的，他的幾個兒子整天和錢繆混在一起。後來，有個占卜大師發現杭州臨安有王氣，便跑來在市場上擺攤子給人看相，暗地裡尋找這個注定要稱王稱帝的人。一天路過鐘起家，恰好看到錢繆。

大師對鐘起說：你以後的富貴，就是因為錢繆。我之所以要尋找這個人，是出於我對自己技術上的追求和驗證。第二日，這個大師就離開了臨安。後來，錢繆果然為王。

六和填石鎮江制服龍王

六和塔近景

　　傳說，在北宋時期，錢塘江裡住著一位龍王，他脾氣古怪，性情暴躁，把潮水弄得時漲時落，沒有一定的規律，使得沿江兩岸的田地常常被淹沒，害得江邊的人們成天提心吊膽地過日子。

　　那時，在江邊，住著一戶窮苦的漁民，夫妻倆帶著兒子六和靠到錢塘江打魚艱難度日。在六和五歲的那一年，爸爸到江上打漁再也沒有回來。

　　這下，爸爸沒了，漁船也沒有了，六和一家更加窮苦了。沒辦法，娘兒倆用兩支竹竿，上面各拴上個小圓網，趁潮來的時候，赤著腳跑在潮頭前面

撈潮頭魚。撈潮頭魚是很危險的，跑得稍慢一步就會被潮水捲去。娘兒倆為了生活，也就不得不冒這個危險了。

■精衛填海神話傳說，上古時期，炎帝最疼愛的小女兒女娃在東海被水淹死，她的靈魂化作一隻精衛鳥，總是飛到西山去叼石頭和樹枝扔進東海，她發誓要填平東海為自己報仇。後來，人們常用「精衛填海」這句成語，比喻按既定的目標堅毅不拔地奮鬥到最後。

有一天，娘兒倆正在撈魚的時候，不料這次潮水來得特別快，特別凶，六和看勢頭不妙，拉住娘的手，拔腿飛跑，可是已經來不及了，一個浪頭打來，就把他娘捲進漩渦裡去了。

從此，六和沒有了娘，更是孤苦伶仃、無依無靠了。他又傷心又憤怒，就一面哭著，一面盡他最大的力氣把江邊小山上大大小小的石塊搬下來，使勁丟進江裡去。

他發誓要學精衛填海的樣子，用石頭填滿錢塘江，不讓潮水再橫衝直撞，到處害人。他手裡丟著石塊，嘴裡還不斷地咒罵著：「可惡的潮水，該死的龍王！我要把山搬下來，填沒你這錢塘江！」

龍王住的水晶宮裡的屋頂和門窗，被六和丟的石塊砸了許多窟窿，石塊在水晶宮前的台階上堆成了一座小山，馬上就快把大門堵死了。

　　這時，龍王聽到六和的咒罵聲，不知發生了什麼事情，就走到水晶宮門口張望。

　　誰知，龍王剛一出來就被六和丟下的石塊砸在頭上，把他的一隻龍角砸歪了，後腦勺上腫起一個大疙瘩，疼得龍王「嗷嗷」直叫。

　　六和在江邊還是一面哭，一面咒罵著，一面還不斷的往江心丟石塊，一天，兩天，三天……他整整丟了七七四十九天。

■黃羅蓋傘古時皇帝或高官出巡時，乘坐的轎子或車子頂棚上張著的黃色傘蓋。這種傘又稱「涼傘」、「羅傘」、「萬民傘」、「華蓋」。在中國古代，傘是帝王將相、達官貴人權勢的象徵。

這天正好是八月十八，他忽然聽到了「轟隆隆」的聲音自遠而近，錢塘江潮水湧過來了。

六和看見湧來的潮頭上站著一個橫行霸道的蟹將軍，還領著一隊彎腰曲背的蝦兵蟹將，後面的黃羅蓋傘下罩著龍王。

不一會兒，龍王來到了六和面前，說：「小孩，小孩，你不要哭，不要哭，也不要丟石塊。你要金要銀還是要珠寶，只要你說出來我就都給你。」

■錢塘江大潮風景

六和根本不吃龍王那一套，高聲喊道：「龍王，你聽著，我不要你的金，也不要你的銀，更不要你的什麼珠寶！我要你依我兩件事，如若不依，我就用石塊壓坍你的水晶宮，填沒這條錢塘江！」

「哪兩件事呀，你說說看。」龍王賠笑道。

「第一件，馬上把我娘送回來；第二件，從今以後不準亂漲大潮，潮水只許規規矩矩順著河道走，漲到小山這裡為止。」

龍王聽了後，滿心不願意，但他又怕六和真的把錢塘江填沒了，壓坍他的水晶宮，只好都答應下來。

龍王一行人走後不一會兒，龍王就把六和娘送了上來，六和別提有多快活。娘兒倆高高興興地就回家去了。

月輪山南瀕錢塘江，海拔 153 米，因形圓如月而得名。千年古塔六和塔就矗立在山腰。月輪山是眺覽錢江美景的最好去處，站在山巔，極目南望，感受到的是濕爽怡人的習習江風，映入眼簾的是由古塔、大橋和滔滔江水構成的別具雄渾情韻的壯麗圖畫，使人心胸寬朗，神思如翔。

從這以後，錢塘江的潮水便小了許多，而且漲到那座小山邊便穩了下來。只有每年八月十八這一天，潮水才會比平常要大些，這是因為龍王吃過六和的虧，怕他的部下再闖禍，親自出來巡江的緣故。

■六和塔上的風鈴

人們摸到了潮水的脾氣，就不再怕它了，把沿江兩岸的荒灘都開闢成了良田，種上了綠油油的莊稼。

大家為了感謝六和制服了龍王，後人就在他搬石塊的月輪山上，修築起一座寶塔，並以六和的名字將塔命名為「六和塔」。

閱讀連結

據說，當吳越國國王錢繆的孫子錢弘俶即位後，錢塘江水洶湧，沖毀田地，吞噬生命的一幕幕慘劇時有發生，錢弘俶為了安撫百姓，找來當時得道高僧智元禪師前來辟園建塔鎮江，取名曰「六和塔」。

六和塔建成之後不久，萬馬奔騰的錢塘潮水開始沿著江道平穩地流動，彷彿真的被六和塔鎮住似的。

實際上，在六和塔建造期間，錢弘俶命人在錢塘江岸築浙江、龍山兩閘，閘門建成後，利用閘門來調節上下游水位和流量，大大降低了田地遭潮水危害的機率。

在當時，人們都相信這是六和塔功勞。錢王便順水推舟將塔推上了神壇，並告訴百姓，此塔象徵著皇意可通天。從此，六和塔披上一件黃袍，香火鼎盛了百餘年。

▌六和塔無辜替皇受難

六和塔是皇權的象徵，良民們自然是畢恭畢敬，可是對於那些「逆臣賊子們」來說，眼裡又豈能容得下這六和塔呢？

■方臘又名方十三，北宋末年農民起義領袖。他於公元一一二零年十月率眾在歙縣七賢村起義，建立了包括江蘇、浙江、安徽、江西的六州五十二縣在內的農民政權。在當時影響很大，公元一一二一年夏起義失敗。

　　公元一一二零年，安徽貧苦農民方臘揭竿起義。在十一月二十九日，頭紮紅巾的方臘率領上萬名起義軍手持刀槍以力不可擋之勢攻入了杭州城。方臘來到塔下，看著這座代表著「皇帝」的古塔，心中充滿憤怒，於是，他一把大火點著了六和塔，致使六和塔化為灰燼，片瓦不存。

　　六和塔倒了，方臘最終沒能推翻北宋王朝。不過，北宋的根基卻開始在風雨漂泊中搖擺了。公元一一二七年，金軍攻破東京，宋欽宗被俘虜，趙構倉促登基，並改稱南宋。

　　新皇登基後為金人所逼迫，奔於江浙一帶，為了坐上安穩的皇位，新皇帝與金人達成議和，俯首稱臣。皇位雖然坐穩了，但皇權在百姓心中的地位卻要重新塑造。

　　匾額是古建築的必然組成部分，相當於古建築的眼睛。匾額中的「匾」字古也作「扁」字。是懸掛於門屏上作裝飾之用，反映建築物名稱和性質，表達人們義理、情感之類的文學藝術形式即為匾額。但也有一種說法認為，橫著的叫匾，豎著的叫額。

　　公元一一五二年，有市民上書要求重建六和塔，宋高宗趙構便命禮部預算重建六和塔的費用，臨安府轉運司張榜公開尋找工程主持者。

　　這時，有個叫智曇的學僧自告奮勇，挺身而出，揭下了榜，並願「以身任其勞，不以絲毫出於官」。

　　聽說有人不要朝廷投資修塔，臨安府求之不得。不過為了慎重起見，臨安府的官員還是對智曇考察了一番。最終智曇以其道業堅固、戒行精潔當選為六和塔的第二代建設者。從此，智曇以建塔為己任，從一磚一瓦開始，全身心投入其中。

■六和塔

■智曇銅像六和塔毀於兵火後，南宋時，智曇決意重修六和塔。他化緣籌資重建，歷時十一年終於竣工。經過了多少年的風塵歲月，六和塔依然巍立，為了紀念智曇化緣建塔的功績，特建此銅像。

智曇，師奉法相宗。但作為一名和尚，智曇沒有收入。微薄的供奉也不足以建造六和塔。

因此，智曇為了籌措資金，除了將自己的財物傾囊奉獻外，還不辭勞苦，闖南走北，四方募化籌集資金。

當地官吏、富戶和眾多善男信女為智曇的精誠所感動，紛紛盡力支持，百姓「雖遠在他路，亦荷擔而來」，出資出力。

智曇並沒有因為資金不足而敷衍了事，而更是精益求精，結構上求穩求實，裝飾上用了當時最為時尚的磚雕和佛像，如此前後歷時十餘年，至公元一一六三年歲末，此項龐大的復建工程全部完工。磚徹塔身成為智曇的傑作。

法相宗是一個極具先鋒作用的佛學宗派。它在理論創新上富有睿智，蘊含著依法而治的法治思想，在實踐拓展上具足功效，表現出法如利劍的威力及鋒芒，敢破敢立，能破能立，不懼邪魔與妖孽。

由於智曇大師是佛教中人，相信「七級浮屠」這個說法，所以，他把六和塔造成了七層寶塔。規模上雖然比塔初建時略有收縮，但依然龐大富麗，而精整、堅固則超過舊構，在浙江佛塔中規制、造型和功能都堪稱首屈一指。

塔建成後，朝廷賜寺匾額、免雜稅，很是熱鬧了一番。後來，智曇大師化緣重建六和塔的事跡廣為傳頌，在人們心目中留下了一座高大的豐碑，公元一九九五年五月，特建智曇銅像供人們瞻仰。

公元一一六四年，塔院亦告建成，皇帝賜予匾額「慈恩開化教寺」，被稱為開化寺，因該寺依塔而建，故又名六和寺，因位於月輪山，又稱月輪寺。

開化寺第一任住持據說是重建六和塔的功臣智曇。該寺的建築反映了中國早期寺廟中的風格，即先有塔，後有寺，寺之建築以塔為中心而建，而不是像後期寺廟建築那樣，以塔為附屬物。

閱讀連結

據說花和尚魯智深隨宋江南征方臘，駐紮在六和塔。一天夜裡，忽聽戰鼓雷響，魯智深提起禪杖迅速沖出禪房。和尚告訴他，這聲音不是戰鼓響，而是錢塘潮水，魯智深恍然大悟，記起師父智真長老贈送他的偈語：「聽潮而圓，見信而寂。」於是焚香沐浴，坐在法堂禪椅上。等到宋江來到，他已閉目圓寂了。

魯智深圓寂之後，宋江等人看望失去一臂的武松，要其隨軍回京接受朝廷封賞，武松對宋江說：「小弟今已殘疾，不願赴京朝覲。盡將身邊金銀賞賜，都納此六和寺中，陪堂公用，已作清閒道人，十分好了。」自此武松在開化寺出家，後至八十歲善終。

▌重生後的六和塔再遭磨難

古時有說：「火燒六和塔，沙漲錢塘江，天下失矣」。六和塔能除潮患、導航運、福澤民生，已成為杭州標誌的備受歷朝歷代的關注。南宋後的六和塔屢遭戰爭創傷，但欣慰的是，都能及時得到修繕。

■ 美麗的六和塔

　　六和塔在公元一三三三年至公元一三三五年，曾因年久破敗而作過修繕。到了公元一五三三年，日本倭寇入侵杭州，六和塔再遭破壞。

　　明人郎瑛在其著作《七修類稿》中描繪了當年的受損狀況：

　　今光磚巍然，四圍損敗，中木燋痕尚存，唯內可盤旋而上也。

　　可見，這六和塔被毀得有多麼嚴重啊！塔的外檐已完全燒燬，只留下磚構塔身。淨土宗著名高僧袾宏，也就是蓮池大師，當時住持雲棲寺，每每路經六和塔下，看見六和塔頹廢的模樣，總是憂心忡忡，很感惋惜。

雲棲寺據史料記載，該寺院始建於清代道光十四年，占地面積約兩公頃，順山勢而建，依地形而造，由黑磚、花崗岩雕琢而成。舉目望去，飛檐凌空，怪獸伏脊，雕樑畫棟，金碧輝煌。

於是在重振雲棲寺後，蓮池大師便發憤要重修六和塔，經四處募資，主持了大規模修繕工作。他重建了塔的外檐，還調換了塔身部分中心木柱下面的礎石構件。直到公元一六一五年，六和塔再次金光閃閃。

蓮池大師，名袾宏，字佛慧，杭州人。與紫柏、憨山、蕅益諸大師並稱明代四大高僧。被後世推為蓮宗第八祖。

傳說，蓮池大師到了雲棲，他的法力也得以充分發揮，先是降服了山中老虎，使當地村民不再受虎患。接著在大旱之年，大師手擊木魚，向田埂唸佛，一時間，大雨如注。

■蓮池大師墓

村民及眾僧相當信服，便自發為大師建造禪堂寺院，希望大師永久住在雲棲。蓮池大師便開始在這裡大力整頓道場，設立規矩，使雲棲寺氣象煥然一新，後來竟成為杭州四大名寺之一。

　　然而，六和塔的金光還沒有閃爍多久，在公元一六三六年六月，清兵橫渡錢塘江，炮轟杭城，燒燬了六和塔結構外檐。錢塘江邊因此又開始水患成災。

　　清世宗胤禎認為這座古塔關係到國計民生，於是在公元一七三五年，下詔特撥國庫銀兩，修整六和塔。後來雍正和乾隆皇帝也多次親臨六和塔，杭州府也因此加強了對六和塔的保護管理，各項設施得到了恢復和增益。

■胤禎是清朝第五位皇帝，康熙的第四個兒子。公元一七七二年繼位，年號雍正，習稱雍正帝。胤禎誠信佛教，工於心計，性格剛毅，處事果斷。在位間嚴整吏治，清查虧空，並對清朝的賦役進行大刀闊斧的改革。

閱讀連結

據說文殊菩薩曾化為童子來參蓮池大師。蓮池大師見到童子便問：「兩腳有泥，必是遠來客。」

童子說：「聞知蓮池水，特來洗一洗。」

蓮池大師說：「蓮池深萬丈，不怕淹死你。」

童子說：「兩手攀虛空，一腳踏到底。」

蓮池大師在終前半月就預知自己將要離開世間，於是，他去告別諸弟子及故舊朋友，只說：「我將到其他地方去。」

到了那一天，蓮池大師說有輕微的疾病，瞑目無語，城中諸弟子趕到，哀請留囑，大師睜眼開示：「老實唸佛，莫換題目。」說完就去世了。

▋乾隆皇帝偏愛六和塔

■蘇軾字子瞻，號東坡居士。四川眉山人。北宋文學家、書畫家。他一生仕途坎坷，學識淵博，天資極高，詩文書畫皆精。同時，他也是著名的美食家。他和父親蘇洵，弟蘇轍合稱為「三蘇」。

　　觀賞錢塘潮，早在漢、魏、六朝時就已蔚成風氣，到唐、宋時，此風更盛。相傳農曆八月十八是潮神的生日，故潮峰最高。

「八月十八潮，壯觀天下無。」這是北宋大詩人蘇軾詠贊錢塘秋潮的千古名句。南宋朝廷曾經規定，這一天在錢塘江上校閱水師，以後相沿成習，遂成為觀潮節。

為什麼錢塘秋潮如此壯觀而又如此準時呢？對於這一點，還有一個傳說是這樣說的。

早在春秋戰國時期，在江蘇、安徽一帶有一個吳國，吳王夫差打敗了浙江一帶的越國。越王勾踐表面上向吳國稱臣，暗中卻臥薪嘗膽，準備復國。

此事被吳國大臣伍子胥察覺到，多次勸說吳王殺掉勾踐。由於有奸臣在吳王面前屢進讒言，詆毀伍子胥，吳王奸忠不分，反而賜劍讓伍子胥自刎，並將其屍首煮爛，裝入皮囊，拋入了錢塘江中。

■仰觀六和塔

伍子胥死後第九年，越王勾踐在大夫文種的策劃下，果然滅掉了吳國。但越王也較信傳言，迫使文種伏劍自刎。

伍子胥與文種這兩個敵國功臣，雖然分居錢塘江兩岸，各保其主，但下場一樣。他們同恨相連，於是有傳說他們化作滔天巨浪，掀起了錢塘怒潮。

秋滿湖天八月中，潮頭萬丈駕西風。

雲驅蛟蜃雷霆鬥，水激鯤鵬渤澥空。

錢塘江湧潮以雄偉的氣勢，多變的畫面，迷人的景象引來了千千萬萬的人來觀賞。

董嗣杲字明德，號靜傳，杭州人。宋亡後，他改名思學，字無益，號老君山人。詩作有《廬山集》五卷，《英溪集》一卷，西湖百詠二卷，並傳於世。

宋代詩人董嗣杲置身六和塔塔頂，仰觀俯察，面對無垠時空，曾發出歷史的浩嘆：

闌檻倚雲漢，身疑出上方。

乾坤一指顧，吳越兩消亡。

海接空江白，山分落日黃。

伍胥遺恨在，秋草隔沙長。

另一位宋人何宋英，集中強調古塔的山水地理與吳越人文，他如同歷史深處走來的歌者：

吳國山迎越國山，江流吳越兩山間。

兩山相對各無語，江自奔波山自間。

風帆煙棹知多少，東去西來何日了。

江潮淘盡古今人，只有青山長不老。

■杭州西湖美景

　　乾隆皇帝曾六下江南，七登六和塔。據《南巡盛典》記載：「乾隆十六年，
聖駕南巡，厪念海塘，特幸寺中，親登塔頂，悉江流之曲折……海若不驚，
聖情悅豫，爰親灑，辰翰為文，以紀盛事焉。」

■乾隆南巡圖

乾隆擔心沿江堤壩能否擋住錢塘江潮水，於是親自登塔，到塔頂至高處望江，發現江水來往平穩，才放下心來。

公元一七五一年，乾隆皇帝第一次南巡到杭州，對錢塘江、月輪山一帶的山河風光大加讚賞，並發出了「壯觀至是真空前，那更息心安四禪」的感嘆。並作《開化寺》詩。

公元一七五七年，乾隆帝開始第二次南巡。再次莅臨六和塔，此次，乾隆皇帝還重新撰寫出一篇塔記，並在塔前牌坊上題寫了「淨宇江天」四字。

又取佛學寓意，在六和塔一到七層上各賞賜御書四字匾額，乾隆的題額為：

牌坊又名牌樓，為門洞式紀念性建築物。是封建社會為表彰功勛、科第、德政以及忠孝節義所立的建築物。也有一些宮觀寺廟以牌坊作為山門的，還有的是用來標明地名的。同時牌坊也是祠堂的附屬建築物，昭示家族先人的高尚美德和豐功偉績，兼有祭祖的功能。

初地詣堅固，信心登窣堵。

二諦此俱融，空色本無所。

三明真淨域，可以泯今古。

四天垂寶綱，落落聞鈴語。

五雲糾扶蓋，擁護龍象袛。

六鰲永負戴，萬劫奠江漵。

七寶勝莊嚴，如是瓣香炷。

層層標實詮，歷歷頻證取。

江山識重巡，歡喜生八部。

揚以細細風，霏以纖纖雨。

第一層為「初地堅固」，前供地藏菩薩塑像，後置明萬曆刻北極真武大帝像；

第二層是「二諦俱融」，供東海龍王像；

第三層寫作「三明淨域」，供彌陀、觀音、勢至像；

第四層題「四天寶綱」，供魯智深像。

第五層題「五雲扶蓋」，供毗盧觀世音像；

第六層四字為「六鰲負戴」；

第七層留題了「七寶莊嚴」。

□ 杭州西湖美景

■地藏菩薩或稱地藏王菩薩。因其「安忍不動如大地，靜慮慎密如祕藏」，故名地藏。為佛教四大菩薩之一，與觀音、文殊、普賢一起，深受世人敬仰。以其「久遠劫來屢發宏願」，故被尊稱為大願地藏王菩薩。

　　當時，六和塔的各項設施，不但都得到了恢復，而且還有所增益。六和寺香火鼎盛，人聲喧沸。此後，六和塔雖仍不斷受到硝煙戰火的危及，但南宋留下來的磚構塔身一直都保留著，歷代一次次的重修重建，反倒讓這座古塔有了一個個時代的烙印。

　　閱讀連結

　　關於六和塔的傳說，有些傳說在這裡已經物化。在塔身北側，有三尊石雕，其一是「錢王射潮」。傳說吳越王錢鏐治理杭州，江邊海塘邊修邊塌，錢王認定系江中潮神作怪，決定鎮伏潮神。

八月十八日是潮神生日，錢王在江邊部署萬名弓箭手，潮水高漲之際，一聲令下，萬箭齊發，射死了潮神，修好了海塘。為紀念此一壯舉，人們把塘稱做「錢塘」，江也成了「錢塘江」。

▍朱智再次捐資重修六和塔

西湖旁的六和塔

又過了半個多世紀，六和塔日漸破損，在公元一八二二年，浙江巡撫帥承瀛奏請皇帝修葺了六和塔。但非常遺憾的是，公元一八三四年，六和塔重蹈覆轍，外檐再次失火被毀。

六和塔頹敗朽衰持續了將近五十年。直到公元一八八九年，杭州人朱智，在捐資修築錢塘江堤壩的同時，更是以餘財重修六和塔。

朱智組織大量人力，在尚存的磚結構塔身外部添築了十三層木構外檐廊，其中偶數六層封閉，奇數七層分別與塔身相通，塔芯裡面，則以螺旋式階梯從底層盤旋直達頂層，全塔形成「七明六暗」的格局。

塔自外及裡，可分外牆、迴廊、內牆和小室四個部分，形成了內外兩環。內環是塔心室，外環是厚壁，迴廊夾在中間，樓梯置於迴廊之間。

■光緒皇帝清朝第十一位皇帝，四歲登基，由慈禧、慈安兩宮太后垂簾聽政至十八歲。此後雖名義上歸政於光緒帝，實際上大權仍掌握在慈禧太后手中。公元一八八九年，光緒實行「戊戌變法」，但受到以慈禧太后為首的保守派的反對。被慈禧太后幽禁在中南海瀛台。公元一九零八年光緒因砒霜中毒而暴崩，享年三十八歲，葬於清西陵的崇陵。

外牆的外壁，在轉角處裝設有倚柱，並與塔的木簷相聯結。牆身的四面開闢有門，因為牆厚達四米，故而進門後，就形成一條甬道，甬道的兩側鑿有壁龕，壁龕的下部做成須彌座。

六和塔中的須彌座上有兩百多處磚雕，磚雕的題材豐富，造型生動，有爭奇鬥妍的石榴、荷花、寶相，展翅飛翔的鳳凰、孔雀、鸚鵡，奔騰跳躍的獅子、麒麟，還有昂首起舞的飛仙等。

這些磚雕，據後來有關人員與宋代成書的《營造法式》所載十分吻合，是中國古建築史上珍貴的實物資料。

穿甬道而過，裡邊就是迴廊。內牆的四邊也辟有門，另外的四邊鑿有壁龕，相互間隔而成。內牆厚四米多，故而每個門的門洞內，也形成了甬道，甬道直通塔中心的小室。

《營造法式》此書成書於公元一一零零年，是中國古代土木建築家李誡在兩浙工匠喻皓的《木經》的基礎上編寫而成的。是北宋官方頒布的一部建築設計、施工的規範書，這是中國古代最完整的建築技術書籍，標誌著中國古代建築已經發展到了較高階段。

石刻泛指鐫刻有文字、圖案的碑碣等石製品或摩崖石壁。在書法領域，也有把鐫刻後，原來無意作為書法流傳的稱為「石刻」，一般不表書者姓名，三國六朝以前多為；而有意作為書法流傳的稱為「刻石」，隋唐以後多為，通常標刻書者姓名。中國古代石刻種類繁多，廣泛地運用圓雕、浮雕、透雕、線刻等技法創造出來的風格各異的石刻藝術品。

壁龕的內部鑲嵌有《四十二章經》的石刻。中心的小室是為了供奉佛像而設的，為仿木建築，製作講究。經過這次修繕，六和塔的狀貌基本定型了。據史料記載，朱智重修六和塔，工程極為浩大而艱巨，僅僅搭扎施工必需的腳手架一項，就花了三年時間。

朱智重修六和塔功績為最，因此受到光緒皇帝嘉獎，賞賜了御書「功資築捍」四字匾額。

中華人民共和國成立後，於一九五三年、一九七一年和一九九零年分別進行了三次大修，並在塔內裝上扶手欄杆和電燈。六和塔自南宋重建迄今，雖經多次修繕，但整座塔身還基本上保持著南宋時期的風貌。

閱讀連結

一九三四年，時任浙江省建設廳廳長曾養甫，想把六和塔復原成南宋時的樣子。他邀請當時在清華大學教建築學的梁思成，來杭州出謀劃策，研究南宋時期的六和塔到底是什麼樣的。

梁思成在六和塔待了十幾天，主要做現場勘探和測繪，又多方考證，查閱了很多文獻資料，最終他得出結論：六和塔塔身的形制、用材、體例、浮雕圖案都符合《營造法式》裡的規定，是原汁原味的南宋時期建築物。

他還以此為依據，把南宋時期六和塔的復原圖一筆一筆畫了出來，後來就刊在《杭州六和塔復原狀計劃》這本書的第一頁。因為《杭州六和塔復原狀計劃》這本書，梁思成也成為從建築角度為六和塔撰書的中國第一人。

天下第一塔　開封鐵塔

　　開封鐵塔位於河南省開封城內東北隅鐵塔公園內，始建於一九四九年，該塔因當年建築在開寶寺內，稱開寶寺塔，塔高 55 米多，八角十三層。又因塔遍體通徹褐色琉璃磚，混似鐵鑄，民間又將其稱為「鐵塔」。此鐵塔以精湛絕妙的建築藝術和雄偉秀麗的修長身姿而馳名中外，被人們譽為「天下第一塔」。

▌古城上空傳來的聲音

　　古時候，在開封城北角夷山上有一個井口大的泉眼，這個泉眼一眼看不到底，整天「咕嘟咕嘟」地直往外冒水，日夜不息。

　　淌出來的水十分渾濁，又鹹又澀。城裡本來就地勢低窪，加上汙水橫流，致使城裡老百姓飽嘗了泥濘之擾、疫病之災。

■開封古稱東京、汴京。開封是世界上唯一城市中軸線從未變動過的都城，城摞城遺址在世界考古史和都城史上都是絕無僅有的。北宋時的東京開封是當時世界最繁華、面積最大、人口最多的大都市。

後來全城的父老鄉親就在一起商議，一定要想辦法堵死這個害人的泉眼。他們先用石頭填，磨盤大的石頭扔進去立馬就不見了蹤影。後來又用沙袋堵，激流把沙袋沖得千瘡百孔，還是不能把泉眼堵住。沒辦法，人們想不出更好的辦法，只得聽憑它禍害古城。

■鐵塔公園

　　有一天，一位商人來到夷山泉眼裡打水，一個漩渦就將他的水桶捲得無影無蹤了。

　　不久，他乘船到外地經商，在大海上無意間看到一隻水桶，當他打撈上來仔細一看，心裡一驚，這不正是自己在夷山泉眼裡丟失的那個水桶嗎！

　　這個消息不脛而走，傳遍全城，人們恍然大悟，心情不覺更加沉重了，原來這泉眼底下通著東洋大海哩！海裡有妖興風作浪，怪不得泉眼怎麼都堵不上呢！往後這日子可怎麼過啊！

　　正當全城百姓一籌莫展之時，突然在一個漆黑的夜晚，開封的上空出現了「造塔吆！造塔吆！」的叫喊聲，這個叫喊聲一連出現了好幾夜。

妖 - 泛指一切人類無法理解的自然現象，超出常識範圍的異常行為，或能發揮出不可思議力量的個體，包含各種鬼怪變化之物，屬於一種超自然的存在。人們經常會把妖和西洋的怪物、妖精等傳說生物聯想在一起。

開始人們不知是怎麼回事，後來大家到一起談論這個喊聲時，有人提出，塔能鎮住海妖。

真是群情振奮，人們終於豁然開朗，便相互轉告：「只有造塔才能鎮住海妖。」可是，說是好說，造卻很難。

那時，人們只會造橋，別說造塔，連塔是什麼樣子也沒有見過呀！全城走南闖北、見多識廣的能工巧匠們聚在一起，議論了好幾天也沒個結果。

這天，正在人們議論中，忽然有一位鬚髮皆白、紅光滿面的老人沿街叫賣：「賣塔啦！賣塔啦！」

人們頓時圍過來爭著觀看，只見他手中托的那件東西用楠木雕就，就像一頭粗一頭細的紅蘿蔔，又像一座擺起來的亭閣，玲瓏剔透，十分可愛。

開封鐵塔倒映

大家恍然大悟，原來這就是塔呀！

工匠頭上前施禮道：「老人家，這塔我們買了，您說個價錢吧！」

老人瞧瞧工匠開腔道：「你要塔幹啥呀？」

工匠說：「我們要在海眼上造塔鎮妖，為民除害！」

「好，有志氣。塔就送給你吧！」老人樂呵呵地放下木塔，飄然而去。

老人走後，工匠頭組織工匠們一起把木塔拆開合攏，再拆開再合攏，反覆研究。

■開封鐵塔全景

當他們能記住各部零件後，便按著比例開始備料，準備建塔了。可是，一到施工卻遇到了問題，如何到二層上去造，如何一層層造到頂呢？

於是，工匠們又進行研究。這天，贈塔老人又一次來到建塔工地，見到了備料，卻不見施工。於是老人問道：「你們造的塔呢？」

工匠頭說：「俺們正在發愁哩，一層好造，往上就難辦了，光材料就運不上去呀！」

白鬍子老人生氣地說：「空有雄心！」說罷，拿起擺在旁邊他送給工匠頭的木塔，用腳往地上一踩，木塔被踩到土裡，只露出一個塔尖兒。

半晌，工匠們回過神來，又鼓起了勇氣，工匠頭說：「咱們城都能造，還怕造塔？」

魯班春秋末期到戰國初期魯國人，中國古代一位出色的發明家，他出身於世代工匠家庭，從小就跟隨家裡人參加過許多土木建築工程勞動，逐漸掌握了生產勞動的技能，積累了豐富的實踐經驗。中國的土木工匠們都尊稱他為祖師。

說著，他們小心翼翼，一層一層地把木塔從土裡扒出來，又用土一層層把塔埋起來，工匠們終於明白白鬍子老人的意思了。

工匠們正要謝過老人，卻發現他不知什麼時候不見了，只聽空中隱約傳來爽朗的笑聲，這笑聲和那夜間「造塔吆！造塔吆！」的聲音一樣。

工匠頭說：「一定是魯班祖師爺來點化咱們！」說罷，眾人向空中叩頭。

工地上立即熱火朝天地造起塔來。工匠們先在海眼上蓋了第一層，然後用土把它埋起來，修成坡道運料，接著蓋第二層，和在平地上施工一樣。依次類推，一直蓋了十三層，最後把封的土一層層剝開運走，一座巨塔就矗立在夷山上了。

自從夷山造塔以後，開封再也不冒海水了。這座塔便是聞名中外的鐵塔，又被譽為天下第一塔。

閱讀連結

開封曾經是中國歷史上輝煌一時的名城，古名大梁、汴梁、汴州、東京、東都、開封府……，是中國六大古都之一，人稱「十朝都會」。鼎盛時期應為北宋，當時人口超百萬，其繁華景象，有舉世聞名的《清明上河圖》佐證。

數千年來，黃河水滋潤著這方土地，也摧殘著這方土地。黃河每決堤一次，便用泥沙把這座古城覆蓋一次，不屈的人們再在舊城上面建設新城，形成了「城摞城」的奇特格局。

在距黃河僅 7 千米的開封市地下，一層一層地掩埋了春秋戰國時代以來的至少七座古城。開封的許多古蹟，都已深埋地下，地面建築，很多是複製、仿製的東西。而唯有這座孤零零的鐵塔，算是趙宋王朝道地的遺民。

兩朝皇帝眷顧獨居寺

據說，在南北朝時期，有一位僧人曾經在開封城東北的夷山上找到了一個理想的「阿蘭若」，「阿蘭若」在印度語中的意思是「空閒的地方」。

這位僧人就在這遠離塵囂的野外，隨便搭建了一處避風遮雨的茅草屋，以便他躲開世間凡塵的打擾，好專注於打坐唸佛。他給自己的「阿蘭若」起了一個儒雅的名號，就是「獨居寺」。

獨居寺自從建立以後香火不斷，直到延續一百七十年後的公元七二九年，獨居寺裡迎來了一位重要的人物。

■秦始皇中國歷史上最偉大的政治家、改革家、策略家、軍事統帥。首位完成中國統一的秦朝的開國皇帝。他十三歲即王位，三十九歲稱皇帝，在位三十七年。秦始皇把中國推向了大一統時代，為建立專制主義中央集權制度開創了新局面，對中國和世界歷史產生了深遠影響。

■漢武帝劉徹，漢朝第七位皇帝，政治家、策略家。他開創了西漢王朝最鼎盛繁榮的時期，那一時期亦是中國封建王朝第一個發展高峰。他的雄才大略、文治武功，使漢朝成為當時世界上最強大的國家，他也因此成為中國歷史上偉大的皇帝之一。

這一年，唐玄宗李隆基效仿秦始皇和漢武帝去泰山封禪。從泰山返回路經開封的時候，他停下歇息，漫不經心地在附近閒遊，沒想到他一腳邁入了獨居寺。

也許是對獨居寺過於寒酸的狀況比較同情，唐玄宗當即下詔重修該寺。為了紀念東巡泰山封禪的活動，唐玄宗又將獨居寺賜名為「封禪寺」。從此，夷山獨居寺的那份清靜，就活生生地被皇家之氣奪去了。

到了後周時周世宗柴榮做皇帝時，他對佛教的態度截然不同。公元九五五年，他實行「限佛」政策，削減了後周境內的很多寺院，迫使六萬多僧尼還俗。

但是，周世宗卻容許開封城內的天清寺大興土木。而天清寺又恰好在周世宗生日這天竣工，成了一個向皇帝討好的「獻禮工程」。

封禪封為「祭天」，禪為「祭地」，是指中國古代帝王在太平盛世或天降祥瑞之時，祭祀天地的大型典禮。上古暨夏商週三代，已有封禪的傳說。古人認為群山中泰山最高，為「天下第一山」，因此人間的帝王應到最高的泰山去祭過天帝，才算受命於天。

　　由於周世宗的「限佛」政策，致使他在佛教史上落了一個「惡人」的名聲，他與另外三個「毀佛」的皇帝，北魏太武帝、北周武帝和唐武宗並稱為「三武一宗」。

　　周世宗抑制佛教的主要目的是為了發展經濟，增強國家實力。可以說，他是五代十國五十餘位帝王中最不糊塗的一位，他在位不過五六年，卻留下了一個不錯的家底。

　　宋朝初年，封禪寺又一次被皇家眷顧。宋太祖趙匡胤與他的前朝恩主周世宗柴榮對待佛教的態度不同。

　　早在公元九六零年，趙匡胤一登上皇位就下詔說：「諸路州府寺院，經顯德二年停廢者勿復置，當廢未毀者存之。」趙匡胤停止了前朝周世宗抑制佛教發展的做法。

■趙匡胤是宋朝開國君主，涿州人。他在位十六年，廟號太祖。他在位期間，加強中央集權，提倡文人政治，開創了中國的文治盛世，是一位英明仁慈的皇帝，是推動歷史發展的傑出人物。

也是在這一年，滄州僧人道圓由西域返回中土，宋太祖親自接見道圓，還贈以紫色袈裟和金幣。又過了兩年，一百五十多名僧人集體向宋太祖請求出遊西域，宋太祖又是給以他們鼓勵又是贈送盤纏。

也許是因為天清寺與周世宗關係密切，在開封城中的諸多寺院中，宋太祖獨獨冷落了天清寺，但對封禪寺卻特別關照。

西元九七零年，宋太祖下詔，改封禪寺為開寶寺，並撥巨款修繕擴建。新建成的開寶寺共設二十四院，兩百八十區，其規模宏大、僧侶眾多、殿堂巨麗、金碧輝煌。

宋太祖用自家年號給封禪寺命名，可見他對這座寺院的重視。

公元九七六年十月，宋太祖死去，他的弟弟趙光義即位。公元九七八年，吳越國王錢俶表示願意把吳越國的土地獻給大宋。宋太宗趙光義立即動用了上千艘船，把錢俶的親屬、官吏及吳越之地的財物悉數徵入京城。

在這次行動中，一位名叫趙鎔的供奉官受宋太宗指派，特意迎奉杭州羅漢寺的佛祖舍利回京城。佛祖舍利抵達開封后，宋太宗起初將其供奉在紫禁城內的滋福殿中。

這顆佛祖舍利是公元九一六年，吳越國王派人前往四明山阿育王寺，索要過來放到杭州羅漢寺供奉的。

公元九八二年，宋太宗決定在開寶寺福勝院內建一座開寶寺塔，用它來安放舍利。

閱讀連結

陳橋兵變之後，原是後周檢校太尉、殿前都檢點的趙匡胤做了皇帝。由於他的母親杜太后信佛，並時常施捨，便引起他對佛教的興趣，也很想探究一下佛教的魅力所在。

公元九六一年，杜太后死去了，趙匡胤首次以皇帝的身分駕臨了相國寺。

到佛像前燒香時，他問：「當拜，不拜？」

僧錄贊寧回答：「不拜。」

他又問：「何故？」

贊寧答：「現在佛不拜過去佛。」

他輕輕頷首，微微一笑，算是認可。由此形成制度。從這件事上，他悟出了一個道理，原來佛教並不像韓愈所說的那麼可怕，它完全可以為自己的統治服務。

名匠喻浩建造靈感塔

宋太宗趙光義不喜歡吳越王錢俶，卻喜歡吳越國羅漢寺的佛祖舍利，他下令專門建開寶寺塔，以供奉佛祖舍利，最終選定吳越國木工喻浩來建造此塔。

開封塔局部雕刻

喻浩是杭州人，出身於木匠世家，自幼便酷愛木工手藝。

在吳越國時期，喻浩曾任杭州都料匠，也就是工匠的總管，史書稱其「有巧思，超絕流輩。」

吳越王錢俶曾在鳳凰山麓梵天寺營建一座木塔。塔建到兩三層時，錢俶親臨施工現場並攀登木塔。站在塔上，錢俶覺得塔身微微晃動，便叱責工匠。

工匠們以為塔身尚未布瓦，所以容易搖晃。誰知布瓦之後依然如故，工匠們只好去請教喻浩。

■開封鐵塔公園大門

喻浩建議在每一層鋪上木板，弄結實了，讓上下成為一體，人登上去，壓力均勻分佈於四壁，整座塔便穩固了。大家依照喻浩的說法去做，果然有效。

中土中原，又稱中州，古指中原地區，華夏民族和華夏文明的發源地，黃河中下游為中心的地域概念，意為國之中，天地之中。華夏民族的祖先根據天文、地理、和風水學的概念，認為位於中嶽嵩山山麓的中原河南登封，位居天下居中的位置。

據《後山叢談》記載，喻浩自杭州到汴梁後，把京師街巷走了個遍。他每次走到相國寺門樓時，便仰臉凝望，站累了就坐下看，坐累了就躺下看。

有人問他是何原因，他說：「這相國寺門樓其他的部位我都能仿效，只是對於卷檐架構不解其意。」

相國寺聖容殿前東西兩旁有古井，後來喻浩負責為古井建造了井亭，果然「極其工巧」，成為相國寺十絕之一。

吳越國亡國後，喻浩流落到了北方。為新主人造塔時，喻浩和在吳越時一樣仍然是一絲不苟，開封人說他信佛，對造塔有癮。

塔本自印度來，是用來珍藏佛祖舍利的建築物。自東漢時期傳入中土後，塔把許多中國的閣樓建築元素融入其中，逐漸成為佛家的一種標誌性建築。

東漢以後，戰國至西漢時期一直盛行的高臺建築逐漸為木結構高樓所替代，無論宮廷、地主莊園還是城門樓，都以木結構為尊貴。

這次奉命督造木製開寶寺塔之前，喻浩為求縝密，曾先造了一個小樣。

閣樓指位於房屋坡屋頂下部的房間。中國的文化精神特別重視人與自然的融洽相親，樓閣就很能體現這種特色。天無極，地無垠，在廣漠無盡的大自然中，人們並不安足於自身的有限，而要求與天地交流，從中獲得一種精神昇華的體驗。

在施工時，塔體外用帷幕遮掩，外面只能聽到斧鑿錘擊之聲，不見其形。

遇有上下榫不合之處，喻浩環繞塔周，邊看邊切磋，毛病一旦找準，馬上拿起巨槌撞擊數十下，即可解決。

就這樣，歷時八年，直至公元九八九年，木塔終於落成。塔八角十三層，上安菩薩，塔下做天宮，以安奉阿育王佛舍利小塔。

■柳枝掩映的鐵塔景觀

　　時隔多年之後，歐陽修在《歸田錄》中記述：

　　塔初成，望之不正而勢傾西北，人怪而問之。浩曰「京師地平無山而多西北風，吹之百年，當正也。」

　　因為開寶寺塔建於開寶寺福勝院內，所以木塔最初命名為福勝塔。

■宋真宗名趙恆，原名趙德昌，又曾名趙元休、趙元侃，宋朝第三位皇帝。宋真宗統治
　後期，信奉道教和佛教，稱受天書，封泰山、祀汾陽，修建了許多寺廟。

　　宋太宗趙光義在塔成之日，親自手捧那座從吳越國「請」來的阿育王佛
舍利小塔，安放在福勝塔上的天宮。

　　當時開封人聞訊都來圍觀，都說看到一道白光從小塔一角發出後，大塔
立即大放光彩。

　　自從阿育王佛舍利安放到福勝塔之後，宋太宗常常臨幸觀禮。

到了公元一零一三年，福勝塔塔剎的銅瓶，突然閃閃發光。消息不脛而走，還驚動了皇帝。宋真宗親自觀瞻參拜，並賜名為「靈感塔」。由於此塔位於開寶寺中，所以又被稱為開寶寺塔。

閱讀連結

鐵塔北側新建了一座反映靈感木塔那段歷史的靈感院。靈感院正殿內供奉的釋迦牟尼「白玉佛像」，是公元一九三三年，一位旅居緬甸的女華僑捐贈。

女華僑家裡世代經商，但是富不過三代，生意開始衰敗，華僑很鬱悶，出來旅遊散心，到開封靈感院時，遇到一位高僧。高僧伸出三個手指又拿出一根木棍和一塊石子點化女華僑。

女華僑回去以後悟出這是高僧告訴她改行做玉石生意。改行以後，女華僑的生意蒸蒸日上，因此向寺廟捐獻了這尊玉佛。佛像高約 1 米，由整塊白玉精雕而成，秀麗端莊，晶瑩潔亮，堪稱佳品。

仁宗一意孤行重建寶塔

可惜喻浩設計並監造的這座華美絕倫的靈感塔，在世上僅存了五十六年，就於公元一零四四年，遭雷擊而焚燬了。

宋仁宗趙禎在位期間，京城連年發生火災。公元一零三二年，大內失火，宮中的八座主要殿宇被燒燬。宋仁宗就把修繕大內的急務交給宰相呂夷簡負責。這一項工程花費了很多錢，但事關皇家重地，也實在是不得不花，因此，大臣們也沒什麼話可說的。

■宋仁宗北宋第四代皇帝，宋真宗的第六子。他是宋朝帝王中的明君聖主，在位時間最長，有四十二年之久。宋仁宗統治時期，國家安定太平，經濟繁榮，科學技術和文化得到了很大的發展，還正式發行了世界上最早的紙幣「官交子」。

　　田錫（公元九四零年～一零零三年），字表聖，四川眉山市人，他在政治上以敢言直諫著稱，同時他又是一位革陳推新，影響後世深遠的文學家，他被稱為宋代文學的開拓者和奠基人之一。田錫初名繼沖，後更名為錫，曾祖父、祖父均為當時洪雅之名士，父田懿，因子錫貴，累贈尚書左司郎中。

　　當靈感塔被焚燬以後，宋仁宗就派人將塔基掩埋的佛祖舍利掘出，迎入宮中供奉。當時，京城王公貴族競相前往瞻仰舍利，並都以能夠瞻仰到舍利為榮。傳說佛祖舍利在宮中發光顯靈，使得宋仁宗產生了重建靈感塔的想法。

　　當年，宋太宗建靈感塔時，就因為耗費錢財百萬，而遭遇到大臣們的抱怨，當時侍御史田錫曾上書說：「眾以為金碧熒煌，臣以為塗膏釁血。」

　　當宋仁宗提出佛祖的舍利不能永遠存放在皇宮內，必須要建塔供奉時，主持諫院的蔡襄，首先就上書反對，他對主張重建靈感塔的種種論點進行了逐條批駁。

　　他說：「佛祖舍利在宮中發光，有人說這是佛祖顯靈。既然佛祖舍利有神通，那它怎麼連自己的靈感塔都不能保護呢？天火襲來，一夜之間就把靈感塔燒掉了，這算什麼有靈驗呢？」

■現存的開封鐵塔和涼亭

　　當年蔡襄不知道佛祖舍利發光乃是物理現象，所以他解釋佛祖舍利發光時說：「枯久之物，灰燼之餘，或有光怪，多亦妖僧之所謂也。」他最後表示，建塔可以，但最好「不費於官，不擾於民。」

　　為了重建靈感塔的事，諫官余靖還與宋仁宗大吵了一場。據《孔氏談苑》記載，余靖是一個不修邊幅、大大咧咧的諫官。時至盛夏，天氣酷熱，余靖一身臭汗就上朝了，他要面見宋仁宗進行勸諫。誰知二人話不投機，余靖便不顧君臣禮儀，湊到仁宗跟前吹鬍子瞪眼睛。

■開封鐵塔佛像浮雕

　　宋仁宗後來抱怨說：「這廝一身臭汗差點兒把我熏死！」

　　為了阻止宋仁宗大興土木，文人歐陽修還專門寫了《上仁宗論京師土木勞費》一文。他在文章中說，開先殿僅僅是兩根柱子損壞，已經花費了一萬七千多錢。他還說，縱使肥沃的土地不生他物，唯產木材，也不能滿足本朝土木建築所需。既然開寶、興國兩寺塔和其他寺觀、宮闕皆焚燬蕩盡，足見上天厭惡過度奢華，所以希望陛下吝惜國財民力……

關於重建靈感塔一事，臣下投反對票的太多，宋仁宗也只好息事寧人，暫緩建塔，將重建靈感塔的計劃擱置了四年。

詔書是皇帝佈告天下臣民的文書。在周代，君臣上下都可以用詔字。秦王政統一六國，建立君主制的國家後，自以為「德兼三皇，功高五帝」，因此號稱皇帝，自稱曰朕。並改命為制，令為詔，從此詔書便成為皇帝佈告臣民的專用文書。

伎樂是指在露天演出的音樂舞蹈劇，即中國的樂舞，由於隋初設置國伎、清商伎、高麗伎、天竺伎、安國伎、龜茲伎、文康伎七部樂而得名，傳入日本後或稱伎樂舞。

西元九四九年，宋仁宗下詔書重建靈感塔，以安置佛祖舍利。這一次，也許是懾於天子的威嚴，沒有多少人再對此發表反對意見了。靈感塔的重建，就這樣隨著皇帝詔書的頒布正式開始施工了。不知過了多少年，新塔終於建成了。

供養人是指因信仰某種宗教，透過提供資金、物品或勞力，製作聖像、開鑿石窟、修建宗教場所等形式弘揚教義的虔誠信徒。也指那些出資對其他人提供撫養、贍養等時段性主要資助的個人或團體。

《汴京遺蹟志》記載：

上方院，在城之東北隅安遠門裡夷山之上，即開寶寺之東院也。一名上方院。宋仁宗慶曆中，開寶寺靈感塔毀，乃於上方院建鐵色琉璃塔，八角十三層，高三百六十尺，俗稱鐵塔。

寺舊有漆胎菩薩五百尊並轉輪藏黑風洞，洞前有白玉石佛。後殿內有銅鑄文殊、普賢二菩薩騎獅像，蓮座，前有海眼井，世謂七絕。元末毀於兵，海眼井亦久失其處。國朝洪武十六年，僧祖全募緣重建。

重建靈感塔時，吸取了前身木塔被焚的教訓，改用了耐火絕緣、能抗雷擊的琉璃磚瓦為材料，宋仁宗要把塔建成一座琉璃磚塔。這種瓷磚的另一個特點是耐壓，堅固牢靠。

■麒麟亦作「騏驎」，簡稱「麟」，古代傳說中的仁獸、瑞獸，是中國古代傳說中的一種動物，與鳳、龜、龍共稱為「四靈」。據說麒麟原型實際上是當年鄭和下西洋從南非帶回來的長頸鹿。後經歷代民間藝人加工，揉進了龍頭、魚鱗、牛蹄等深化形象與現實事物而成的一個形象。

　　塔址也從開寶寺的福勝院移到夷山之上的上方院。上方院又稱為上方寺，所以新塔又被稱為上方寺塔。

　　重新修建的琉璃磚塔高 55 米多，八角十三層。整座塔通身用二十八種不同形狀的結構磚組合，在柱、枋、斗拱等咬合的結合處都是用特別燒製的有榫、有卯的子母磚緊緊地扣合在一起，嚴絲合縫，混為一體，如鐵鑄一般。

　　遠望琉璃磚塔，鐵色琉璃瓦遍飾全身，色調具有鐵打銅鑄的深厚氣質，由此，民間將塔稱為「鐵塔」。而且整座塔身上下收分比例協調自然，視覺差比例勻稱美觀，氣勢驚人。

　　走近細看，琉璃磚塔遍身裝飾都是琉璃浮雕藝術品，各種花紋磚有五十餘種，有佛像磚，有菩薩、飛天、五僧、立僧、供養人和伎樂等；有動物圖案磚，有獅子、雲龍、降龍、雙龍和麒麟等；有花卉磚，有寶相花、海石榴花、蓮荷花、牡丹花和芍藥花等，還有瓔珞、流蘇等裝飾花紋磚。

而在挑角、拔檐和轉角等處採用各種藝術裝飾磚，有麒麟、套獸、雲龍貓頭和重檐滴水等，共二十多種。可以說每塊磚都是做工精細、栩栩如生，非常完美的琉璃藝術品。

琉璃磚塔在塔門的設計上也是獨具匠心，不用半圓門，而採用上尖下方的圭形門，用五層雲紋磚逐層收壓，其外觀像佛龕，而更為堅固。琉璃磚塔內有磚砌蹬道一百六十八級，繞塔心柱盤旋而上，人可沿此道扶壁而上，直達塔頂。登上塔頂極目遠望，可見大地如茵，黃河似帶，頓覺飄然如在天外一樣。

閱讀連結

琉璃磚塔到底是由誰設計的，由誰負責建造的，史書並沒有記載，甚至連此塔的落成時間，也沒有明確記錄。

河南大學教授魏千志先生先從史書入手。宋人王瓘撰於西元一零七一年的《北道刊誤志》，是一部記載歷史地理的書籍，其中記有關於北宋京都開封及河北大名府的史料。可惜的是，該書並沒有開封鐵塔的記載。唯一的解釋是，當時鐵塔並未落成。

後來魏先生登上鐵塔，仔細觀察，終於在塔身第三層發現刻有「治平四年」字樣的磚塊。在塔頂發現刻有「熙寧」字樣的磚塊。這充分證明，在治平四年，也就是西元一零六七年，鐵塔仍在建造，而在熙寧年間，工程已近完工。魏先生判斷，鐵塔的落成時間，大概在熙寧年間的後期，即是西元一零七三年至一零七七年之間。

鐵塔遭遇戰火仍屹立荒野

鐵塔建成後不久的西元一零八五年，在開寶寺舉行了科舉考試，當時的書法家蔡卞為主考官。二月十八日這天晚上，剛剛開始考試，考場突然起火。當時，身為開封府知府的蔡京立即率領官兵們救火。

開封北宋皇宮遺址

■鐵塔公園內神道

　　由於當時寺院建築高大，火勢迅猛，致使官兵們束手無策，只能眼睜睜
地看著大火把房屋燒燬。後來，官兵們鑿開牆壁，蔡卞等人才得以逃出。

　　馮子振元代散曲名家、詩人、書法家，字海粟，自號瀛洲洲客、怪怪道人。他生性嗜酒，每於酒酣耳熱之際，詩興大發，伏案即作，不論桌上有紙張多少，他都要一氣寫完而止。

　　西元一一二六年，金兵渡過黃河，攻陷了北宋的都城開封。第二年，北宋滅亡。南宋初建時，開封先是歸偽楚張邦昌，繼而又歸偽齊劉豫。張邦昌的傀儡政權在維持了三十二天之後，不得不恭請北宋第七位皇帝宋哲宗的皇后元佑孟氏垂簾聽政。

　　西元一一三零年七月，金人冊立劉豫為皇帝，國號大齊。劉豫以山東東平為東京，改原來東京開封為汴京，從此，開封就被稱為汴京了。

　　金哀宗金國第九位皇帝，原名守禮，女真名寧甲速，金宣宗第三子，母親是明惠皇后王氏。金哀宗在位十年，國破後自縊而死，終年三十七歲。

　　西元一一三二年四月，劉豫將國都遷往汴京。五年後，金廢掉偽齊劉豫，置行台尚書省，也就是一個地方行政機關於汴京，並設汴京路開封府。

　　西元一一五三年，金改汴京為南京，汴京路亦改稱南京路。到西元一二一四年，因受到蒙古勢力的侵擾，金被迫將都城遷至開封，並重新整修了被毀的北宋開封的皇宮。

　　十三年後，金為了防禦蒙古軍的進犯，又重修了外城。金朝以開封為都十九年後，蒙古軍攻下南京，金朝滅亡。

　　從北宋滅亡到金朝滅亡，開封經過了一百多年。其間鐵塔的命運，有記載說，西元一二二五年，金國第九位皇帝金哀宗的母親明惠皇后曾經為了祈求國運長久，重新修葺了上方寺，當時，鐵塔尚在。

　　尚書秦代及漢代初期與尚冠、尚衣、尚食、尚浴、尚席，稱「六尚」。漢武帝時，選拔尚書、中書、侍中組成中朝或稱「內朝」，成為實際上的朝廷決策機關，因系近臣，地位漸高。和御史、史書令史等都是由太史選拔。隋以後尚書為六部長官。

蒙古軍占領開封后，設立了河南江北行中書省，並保留了南京路。自此，開封歸於蒙古人統治。

西元一二一七年，元世祖忽必烈改定國號為元。八年後，滅了南宋。至西元一二八八年，元朝改南京路為汴梁路，從此，開封就被稱為了汴梁。元朝統治期間，曾兩次修建開封城垣，修鑿賈魯河。

■鐵塔遠景

在這段時間裡，關於鐵塔的記載幾乎沒有。不過，當時的著名文人、散曲大家馮子振卻留下了一首描寫「鐵塔燃燈」盛況的詩：

擎天一柱礙雲低，破暗功同日月齊。

半夜火龍翻地軸，八方星象下天梯。

光搖瀲灩沿珠蚌，影塔滄溟照水犀。

文焰逼人高萬丈，倒提鐵筆向空題。

元朝末年，民族矛盾和階級矛盾極其尖銳化，全國各地紛紛爆發農民大起義。

在重重戰火之中，鐵塔所在上方寺的諸多殿宇已經化為灰燼，唯獨鐵塔歸然不動，孤立於荒野。

閱讀連結

鐵塔燃燈是開封人民自漢代沿襲下來的習俗，每年的元宵節和中秋節最盛行。唐代，睿宗景雲二年正月十五夜燃燈千盞，重開宵夜。玄宗增至十四、十五、十六，三個晚上放燈。宋太祖趙匡胤時，又加十七、十八兩天，共為五個晚上。

明清時期的中秋之夜，鐵塔上遍點燈盞，一次就用油五十斤，遠望如同火龍，輝煌炫目如同白晝。

明代中期文學家李夢陽有一首《觀燈行》的詩，在極力渲染開封元宵節燃燈盛況的同時，還對統治者驕奢淫侈的生活有所譏諷，他寫道：「正月十四十五間，有淶大駕觀鰲山。萬金為一燈，萬燈為一山。用盡工匠力，不破君王顏……」

▊歷代名人吟詩作賦贊鐵塔

鐵塔剛剛建成的時候，高聳的鐵塔雖然王氣濃郁，但當時的文人墨客卻普遍不買鐵塔的帳。

北宋的這些大文人認為，鐵塔是一個勞民傷財的東西，對修建鐵塔有意見。但鐵塔是皇帝下令要建造的，文人再大，也不好說什麼，於是，大家就選擇了沉默。

元朝歷經八十九年滅亡，明朝建立，明朝開國皇帝朱元璋原計劃定都開封，後來又改變了主意，把他的第五個兒子朱橚封在開封，稱為周王。

■朱橚是明朝開國皇帝明太祖朱元璋的第五個兒子,明成祖朱棣的胞弟。他少年時好學多才,有遠大的抱負,常想著做一番轟轟烈烈的事業,以傳名後世。他政治上比較開明,到開封以後,執行恢復農業生產的經濟政策,興修水利,減租減稅,發放種子,做了一些有益於生產發展的事。

■鐵塔公園牌坊

一元一三八三年，朱橚剛剛來到開封不久，就命僧人祖全化緣募捐重新修建上方寺塔。

朱橚還在鐵塔內嵌置了四十八尊黃琉璃阿彌陀佛像。

公元一四三零年，當時為河南巡撫的於謙曾寫下一首《題汴城八景總圖》的詩，其中就包括鐵塔。詩云：

於謙字廷益，號節庵，杭州人，世稱於少保。他自幼聰穎過人，青年時代就寫下了《石灰吟》：「千錘萬擊出深山，烈火焚燒若等閒。粉身碎骨全不怕，要留清白在人間」的著名詩篇。他在三十餘年的為官生涯中，清正廉明，興利除弊，剛正不阿。

天風吹我來中州，光陰荏苒春復秋。

民安物阜公事簡，目前景物隨眼搜。

梁園花月四時好，日落夷山映芳草。

大河滔滔湧地來，騰波起浪如奔雷。

隋堤煙柳翠如織，鐵塔摩空數千尺。

陰晴晦明各異態，對此令人感今昔。

畫圖彷彿得真趣，醉墨淋漓寫長句。

詩成掉筆向蒼空，滿袖天風卻歸去。

隨著時間的推移，鐵塔漸顯頹狀。到公元一四四三年年，明英宗朱祁鎮下旨重修鐵塔。

公元一四五七年，上方寺住持僧人廣明，派徒弟趕往京城開封，懇請明英宗賜御筆，得「佑國寺」題名。從此，上方寺改名為佑國寺，鐵塔也隨之稱為祐國寺塔。

從這以後，在公元一四八零年和公元一五五三年，又兩次重修了佑國寺。

公元一五五七年，又重修了寺內山門、鐘樓、殿宇等。經過多次整修，祐國寺恢復了往日的壯麗巍峨。

而在明武宗在位時期的公元一五零九年，李夢陽來到佑國寺時，寫了一首題目為：《正德四年七夕上方寺作》的詩：

逸人厭囂俗，達士樂聞勝。

乃茲城中林，而非車馬徑。

積雨豁新霽，雲石掩秋映。

微陽下孤塔，潦水夾明鏡。

已疑塵寰隔，況者蓮方淨。

豈唯慕真覺，如以叩詮登。

玄蟬共西夕，浮雲本無定。

■開封鐵塔公園內接引殿

開封鐵塔公園內靈感院

　　從這首詩可以看出當時的鐵塔景像是多麼幽靜而荒涼啊！九年之後，李夢陽再次來到鐵塔，又賦詩一首，題為《戊寅早春上方寺》：

踰年罔涉茲，過之門巷疑。

匪畏霜露辰，肯與春事期。

徑蘭芊故叢，苑松發新蕤。

陟丘念廢居，升危眺回漪。

抱以幽曠豁，情緣淒愴移。

驚風遞虛塔，振振空廊悲。

得遣復安較，勞生良爾嗤。

　　這個時候的李夢陽，已經是一名普通的老百姓了，在他心中更多的是幽怨和憤怒，他涉及鐵塔的詩作還有：

送田生讀書上方寺

寺壓孤城斷，堂開積水圍。

一僧當茗灶，群鷺狎荷衣。

被酒時登塔，持書晚坐磯。

鶴騰知客至，嗟汝詠而歸。

九日上方寺

賞時爭上塔，乘月復登台。

地盡中原人，開空秋色來。

望鄉翻恨雁，有菊且銜杯。

卻憶龍山帽，徒增醉者哀。

李夢陽（公元一四七二年～一五三零年），字獻吉，號空同，漢族，甘肅省慶城縣人，遷居開封，工書法，得顏真卿筆法，精於古文詞，提倡「文必秦漢，詩必盛唐」，強調復古，《自書詩》師法顏真卿，結體方整嚴謹，不拘泥規矩法度，學卷氣濃厚。他是明代中期文學家，復古派前七子的領袖人物。

鐵塔

鐵塔峙城隅，川平愈覺孤。

登天盤內蹬，落日影東湖。

風裊垂檐鐸，雲棲覆頂珠。

何年藏舍利？光彩射虛無。

■開封鐵塔公園內玉佛殿

雪後上方寺集

雪罷園林出碧梧，上方樓殿淨虛無。

日臨曠地冰先落，雲破中天塔自孤。

爛漫此堂人醉散，一雙何處鶴來呼。

邀留更待松門月，今夜同君坐玉壺。

鐵塔在明代時期也引來了諸多文人雅士的吟詠，除了李夢陽外還有李源、劉醇。下面是李源的《登上方寺塔二首》：

寶塔憑虛起，登游但幾重。

中天近牛鬥，平地湧芙蓉。

牖入黃河氣，管低少室峰。

妙高無上境，臥聽下方鐘。

塔影午氤氳，名香八面聞。

盤梯失白晝，絕頂俯層雲。

外見蓮花色，中藏貝葉文。

髫游今不倦，為喜出塵氛。

這是一首劉醇的《游上方寺》：

李濂明代官員、學者，字川父，開封人。他年少即身負俊才，時常跟從豪俠少年奔騎出城，搏獸射雉，酒酣悲歌。罷官後更努力於學，居里中四十餘年，著有《醫史》十卷。

童尋兜率路非遙，柳外鳴珂散早朝。

鳥送好音風乍息，池添新水雪初消。

斷碑剝落生蒼蘚，古塔峥嵘倚絳霄。

珍重老僧相送遠，笑談不覺度危橋。

公元一五二六年，一個在山西為官的開封人，免官回到開封后，他杜門謝客，以著書自娛。此人就是《汴京遺蹟志》的作者李濂。

■「天下第一塔」碑刻

　　李濂「少負俊才」，他仰慕魏公子無忌與侯嬴的俠義風骨，常與同伴騎馬出城打獵，效仿古人慷慨悲歌。他在外做官十一年，最後「以才致謗」，依然性格不變。

　　丟官之後，李濂有了閒暇時間，便在開封輯錄舊聞、尋訪古蹟，他記述了當時開寶寺的狀況：

開封鐵塔全景

漆胎菩薩五百尊並轉輪藏黑風洞，洞前有白玉佛。後殿內有銅鑄文殊、普賢二菩薩騎獅象，蓮座，前有海眼井，世謂七絕。

公元一六四二年，明末農民起義領袖李自成率軍圍攻開封城。明朝守軍和義軍竟然扒開黃河大堤，企圖引黃河水淹沒李自成的起義軍，結果把開封城淹成一片廢墟。包括鐵塔的基座，也沒入了黃河水衝來的泥沙之中，所幸的是，鐵塔雖然被水淹，但卻未坍塌。

公元一六四四年，清軍入關。公元一六四六年，原山東道監察御史寧承勛赴河南巡按任，乘船自黃河直下，抵達城外。他看到的是，城垣半在淤沙水浸之中。

公元一六六二年，河南巡撫張自德、布政使徐化成倡導屬官捐俸，在明代城址上重建開封城，使城上的矮牆煥然一新。

公元一六八八年，鐵塔得到過一次維修。

這時，有兩位寄居在上方院的天台僧人看到，寺院雖好，羅漢卻無，便想透過募緣，達成此事。

經過數年努力，他們鑄造了七尊羅漢，最後因為經費不足不得不中途放棄。

公元一七零七年，有人在幾間破屋裡發現了這幾尊羅漢。

消息傳開以後，當時的一些有德之士，決定組織財物和人力，鑄造其餘十一尊羅漢，沒想到一年後便大功告成。

於是，他們便遂將這十八羅漢送歸上方禪院供奉，並樹碑為記。

直到公元一七五一年，乾隆帝又為祐國寺賜名為大延壽甘露寺。因寺名太長，鐵塔仍保持原名為祐國寺塔。不過，所有皇家給予鐵塔的正名都被老百姓淡忘了，大家只記得「鐵塔」這個俗名了。

祐國寺被賜名為甘露寺後，鐵塔周圍又成了遊覽勝地。文人雅士，詩作頻出。

以寫長篇小說《歧路燈》而著稱的李綠園有一首《登大樑上方寺鐵塔絕頂》：

浮屠百尺矗秋光，螺道盤空俯大荒。

九曲洪波來碧落，兩行高柳入蒼茫。

宋宮艮岳埋於土，周府雕垣照夕陽。

唯有城南岑蔚處，吹臺猶自說梁王。

閱讀連結

　　戰國時期，魏國都城開封的東門不叫東門，稱為夷門，夷門就是因夷山得名的。魏國隱士侯嬴使得夷門名氣大增。

　　侯嬴是開封城看門小官，卻是一個了不起的隱士。魏國公子信陵君是一位喜歡結交天下賢士的人物，他與侯嬴終成忘年交。

　　公元前二五七年，信陵君採用侯嬴的辦法，盜得魏王的兵符，北上抗秦救趙。侯嬴老人踐約自刎，以死激勵信陵君北上救趙。

　　這就是老開封人的秉性，新開封人「白紙黑字」一路謳歌傳誦這種秉性，現今關於開封鐵塔的書，無不把鐵塔的歷史追溯到公元前二五七年的「竊符救趙」。

▌接引佛銅像永伴孤塔旁

在數百年的歲月中，鐵塔飽受了淒涼。自從獨居寺為封禪寺以後，寺院建了毀，毀了又建，最後只有接引佛銅像和寂寞的鐵塔相依為命了。銅鑄的接引佛重達十二噸、高5米多，為北宋時期所鑄，明朝安放在祐國寺的大殿裡。

明朝末年，一次大水衝來，祐國寺大殿的頂被掀翻了，牆被衝倒了，銅像從此飽受日曬雨淋。直至公元一七五一年，再次整修寺院時，接引佛才又重入殿堂之中。

公元一八四一年，開封被洪水圍困長達八個多月。當時，為了阻擋洪水，開封的五個城門全都用土給封死了，開封城也就成了洪波浩渺之中的孤島，隨時都面臨著洪水灌城的災難。

■開封鐵塔公園接引殿內接引佛

沒辦法，開封在城的東、西、北三門都設立了臨時應急機構，用來每日收購民間的磚、木和石頭用以防洪。在這危急時刻，有人拆了鐵塔旁的佛殿，把磚木運到城牆上抗洪去了。

那次水災過後，只有鐵塔和接引佛兀立在開封夷山不毛之地，寂寞無主。到了公元一九三零年，開封城改造街道，將街面拆下的木料和磚瓦收集起來，在鐵塔的南面修築了一座八角亭以供奉接引佛銅像。有了八角亭的庇護，接引佛總算不再露宿野外了。

公元一八三八年，鐵塔塔身又中彈七八十發，塔身北側遍體鱗傷，第八層和第九層被打穿了外壁，留下了兩個兩米大的深洞，而鐵塔滲透著開封人的錚錚鐵骨，像一位威武不屈的戰士一樣巍然屹立在古城大地。值得慶幸的是，八角亭竟毫髮無損、安然無恙。

北宋是中國歷史上一個強盛的、繁榮的王朝。它於公元九六零年由宋太祖趙匡胤建立，到公元一一二七年政權南遷的這段時間，被稱為北宋，都開

封。北宋王朝的建立，結束了自唐末而形成的四分五裂的局面，使中國又歸於統一，但由於與宋同時代的遼、金、西夏等國的強大，使北宋政權一直處於外族的威脅之中。

對此，民間老人們解釋說：鐵塔作為一座佛塔，經歷了如此多的災難而不倒塌，是因為受佛祖保佑的結果。佛教相信三世輪迴，所以當地信佛的老人常告訴人們，如果你圍繞鐵塔左繞三圈，右繞三圈，佛祖將保佑你一生平安。

公元一九五三年七月，河南省文物局把維修鐵塔列為名勝古蹟重點修繕工程。公元一九五四年，組織工程技術人員和考古人員對鐵塔進行全面勘察和設計。公元一九五六年，成立了鐵塔修復委員會，本著「修舊如舊」的原則，制定了維修方案。

公元一九五七年六月開始動工，到十月底全部修復竣工。同時還安裝了一百零四個鐵鑄風鈴，增裝了洞門鐵欄和避雷針。千年寶塔以嶄新的面貌展現在世人面前。

閱讀連結

北伐戰爭時，馮玉祥將軍率軍進駐開封。當時的開封已經是遍體鱗傷。當馮玉祥看到鐵塔時，便想該怎麼去維修它呢？突然，他的計謀來了。

在開封城內有一個叫「龍鳳祥」的店鋪，是當時的大戶，但他們的老闆莫掌櫃卻異常吝嗇。

有一天，馮將軍到了「龍鳳祥」，稱自己收養了一個十三歲的黑丫頭，想託付莫掌櫃代養。

莫掌櫃一聽，滿口應承了下來。馮玉祥將軍說這個黑丫頭，你要好生照料，可不能委屈了她。要給她買新衣服，要保護好她。

二人立下字據，馮將軍以十萬現大洋的價格賣給了莫掌櫃，然後領著莫掌櫃去看黑丫頭。他們來到了鐵塔公園。馮將軍指著鐵塔說：「這就是我的黑丫頭！」莫掌櫃自知上當卻又不敢不從。

純木大塔　釋迦塔

　　釋迦塔，全稱佛宮寺釋迦塔，位於中國山西省應縣城佛宮寺內。因釋迦塔全部為木構，所以通稱為應縣木塔，是中國現存唯一的純木構大塔。

　　此塔於公元一零五六年建造，後來在一一九一年至一一九五年，進行了加固性補修，但原狀未變，是世界現存最古老最高大的全木結構高層塔式建築。與義大利比薩斜塔，法國巴黎埃菲爾鐵塔並稱世界三大奇塔。

▌魯班兄妹打賭一夜建塔

　　傳說很久以前的一天，工匠魯班和妹妹從南方來到了北方的應州地帶。首先映入他們眼簾的是荒涼的戰場，他們看到遍地都是白骨。

　　魯班把這一切都看在眼裡，於是他決定修建一座木塔，壓一壓這裡的殺氣。誰知魯班把他的這個想法和妹妹說了以後，妹妹有些不願意，她說：「建一座大塔得需要多長時間呀？我可不願意在這荒涼的地方多待。」

■想要修建木塔的魯班

魯班說：「用不了多長時間，我一夜就可以建成。」

妹妹不信，說：「你可別說大話，你要建一座幾層的塔啊？你到哪裡去找材料呢？」

魯班說：「我要建一座十二層玲瓏木塔，就用應州西北黃花梁的那片松樹林的木材。」

妹妹仍然不信，說：「哥哥你吹牛，要是用紙疊還差不多，用木頭做，往來運木頭呀！砍呀！刨呀！卯呀！釘呀！不行，不行，你肯定不行！」

魯班說：「我不用一根鐵釘，上下左右，梁枋拱柱，全用木料勾連。」

■現存的釋迦塔共六層

妹妹說：「既然你這麼有信心，那好，你要是一夜能造出一座十二層的木塔，我一夜就能做出十二雙繡花鞋。咱兄妹倆打個賭，咱看誰完工快。」

魯班說：「行啊，我的小妹也是個能耐人，咱們一言為定。」

黃花梁在大同南百里懷仁、應縣、山陰之間，東西南北皆二十多里。戰國稱黃華，北魏、北齊名黃瓜堆，隋唐以後稱黃花堆、黃花嶺，今稱黃花梁。

於是兄妹二人便分頭忙了起來。

晚上，魯班運用神通，將恆山石運來，砌石為基，將黃花梁的巨木伐來，架樑為拱，到了三更的時候，建造木塔的工程已經完了一半。

誰知魯班妹妹只顧偷看哥哥建塔，自己的繡花鞋還沒動工呢！這時眼看到了三更，便慌了起來，她想了想，靈機一動便躲在一旁，「喔！喔！」地學雞打鳴叫了幾聲，然後就掐訣唸咒，請來了天上的七仙女，有七仙女幫她繡鞋，這樣十二雙鞋很快就繡完了，這時天已快亮了。

三更古代的時間名詞。古代把晚上戌時作為一更，亥時作為二更，子時作為三更，丑時為四更，寅時為五更。後來一般用三更來指深夜。

再說魯班呢，三更時他聽到雞叫，以為天快亮了。而那時木塔只建了六層，黃花梁的森林也伐完了，到遠處運木材吧！時間來不及了，於是，他就請來了天上的瓦仙和他一塊做，這下塔變成了磚瓦木混合結構了。

■土地爺又稱土地、土地神、土地公公，他是《西遊記》和《寶蓮燈》中的重要人物。傳說中他是掌管一方土地的神仙，住在地下，是所有神仙中級別最低的。

天亮時，十二層雄偉的寶塔已經建成，只見玲瓏宏敞，蔚然壯觀。魯班妹妹和七仙女一見也是驚嘆不已！

妹妹趕快找哥哥，這時哥哥卻不見了。原來，魯班是到天宮借寶去了。他為了使寶塔防水和防火，他特地向玉皇大帝借來了逼水珠和逼火珠。魯班想，安上了這兩顆寶珠，木塔就再也不愁火燒水淹了。

正當魯班借了寶珠往回趕的時候，應州的城隍和土地爺都起來了，原來魯班建的這十二層寶塔把他們壓得出不上氣來了，他們乘魯班不在，弄來一股風，將寶塔上三層一直吹到了關外大草原。

城隍有的地方又稱城隍爺。他是冥界的地方官。因此城隍跟城市相關並隨城市的發展而發展。城隍產生於古代祭祀而經道教演衍的地方守護神。

等魯班回來一看，木塔就只剩下九層了。他氣得一屁股坐在了桑乾河畔，誰知用力過猛，壓了個大坑，這就是後來被人們稱為薛家營水庫的地方。

魯班勞累了一夜，想先歇歇，將鞋裡的土倒倒，於是就倒了兩個大土丘，後來這裡的村名就叫疙瘩。魯班一看鞋也爛了，隨手一扔，占了一大片地方，後來這個村莊就叫鞋莊。

魯班休息了一會兒，把他借來的寶珠安到了這剩下的九層塔裡，找到妹妹後，便一起離開了應州。

桑乾河為永定河的上游，是海河的重要支流，位於河北省西北部和山西省北部朔州朔城區南河灣一帶。相傳每年桑葚成熟的時候河水乾涸，故得名。

後來人們就稱這座木塔為「釋迦塔」，又因為塔全為木質建築，故人們又把塔稱為「應縣木塔」。自從應縣木塔安上了逼水珠、逼火珠後，再也不怕水、火、風等災害了。

釋迦塔建於遼代清寧二年（公元一零五六年），後金明昌二至六年（公元一一九一年～一一九五）年曾予加固性補修，但原狀未變，是世界現存最古老最高大的全木結構高層塔式建築。它全靠斗拱、柱樑鑲嵌穿插吻合，不用釘不用鉚，以五十多種斗拱的墊托接聯砌建而成。

薛家營水庫位於山西省應縣臧寨鄉曹娘和薛家營村之間，左沙公路橫過主壩的北段。它是桑乾河畔的一個旁引水庫，一九七一年動工興建，一九七三年竣工。

古人解決建築問題的技術非常高明，如塔底層迴廊外檐由二十四根木柱支撐，在靜止時下層每根柱負荷十二〇噸，可是柱下石礎根本沒有巢臼，木柱斷面直接平立於石礎之上。據說有好奇者，曾經用兩手執一根細繩，把它從石礎和木柱間橫過。所以，民間就有二十四根木柱輪流間歇的傳說。

■木塔前的寺廟

壁畫牆壁上的藝術，人們直接畫在牆面上的畫。作為建築物的附屬部分，它的裝飾和美化功能使它成為環境藝術的一個重要方面。壁畫為人類歷史上最早的繪畫形式之一。如原始社會人類在洞壁上刻畫各種圖形，以記事表情，這便是流傳最早的壁畫。至今埃及、印度、巴比倫、中國等文明古國保存了不少古代壁畫。

釋迦塔建造在 4 米高的台基上，塔高 67.31 米，底層直徑 30.27 米，呈平面八角形。

第一層立面重檐，以上各層均為單檐，共五層六檐，各層間夾設暗層，實為九層。因底層為重檐並有迴廊，故塔的外觀為六層屋簷。各層均用內、外兩圈木柱支撐，每層外有二十四根柱子，內有八根，木柱之間使用了許多斜撐、梁、枋和短柱，組成不同方向的復梁式木架。整個木塔共用紅松木料3000立方，約2600多噸重，整體比例適當，建築宏偉，藝術精巧，外形穩重莊嚴。

該塔身底層南北各開一門，二層以上週設平座欄杆，每層裝有木質樓梯，遊人逐級攀登，可達頂端。二至五層每層有四門，均設木隔扇，光線充足，出門憑欄遠眺，恆岳如屏，桑乾似帶，盡收眼底。心曠神怡。

塔內各層均塑佛像。一層為釋迦牟尼，高11米，面目端莊，神態怡然，頂部有精美華麗的藻井，內槽牆壁上畫有六幅如來佛像，門洞兩側壁上也繪有金剛、天王、弟子等，壁畫色澤鮮豔，人物栩栩如生。

木塔二層壇座方形，上塑一佛二菩薩和二脅侍。三層壇座八角形，上塑四方佛。四層塑佛和阿儺、迦葉、文殊、普賢像。五層塑毗盧舍那如來佛和人大菩薩。各佛像雕塑精細，各具情態，有較高的藝術價值。

塔頂作八角攢尖式，上立鐵剎，製作精美，與塔協調，更使木塔宏偉壯觀。塔每層檐下裝有風鈴，微風吹動，叮咚作響，十分悅耳。

塔剎高11.77米，有兩大部分組成。下部為磚砌二層仰蓮，高2米，直徑約3.65米。上部由復鉢、相輪、仰月、寶珠，五個部分的鐵質部件組成。應縣人把塔剎鐵質部分稱之為，鐵鍋、鐵籠、鐵笊籬。令人稱奇的是，這些鐵質部件經千年風雨而不鏽，在陽光的照耀下熠熠生輝，給寶塔增添了無窮的魅力。

閱讀連結

相傳，佛宮寺院內應縣木塔。木塔是遼代興宗皇帝為了他心愛的妃子觀賞美景而修建。也有的說是興宗皇帝為讓他的王公大臣觀戰而修建的，木塔建於遼清寧二年，也就是公元一零五六年。

　　然而，對於應縣木塔的始建年代還有另外兩種說法：一是建於北魏太和十五年，也就是西元四九一年，有《魏書》和《資治通鑑》記載。

　　另一種是建於後晉天福年間，也就是西元九三六年至九四三年，見《山西通志》、《應州續志》。因此，關於應縣木塔建造的確切年代還是一個謎。

▌蓮花台下的八大力士

　　據應縣民間傳說說，應縣木塔建成後就吸引了天下遊人，同時也驚動了玉皇大帝。玉皇大帝為了保護魯班辛勤的勞動成果，使木塔與歲月並存，派火神爺送來了一顆避火珠，派龍王爺送來了一顆避水珠。而不是魯班自己去借的。

▌釋迦塔內神像

　　送寶珠的神仙看見善男信女、和尚尼姑每天清掃木塔很辛苦，便報告了玉皇大帝，於是玉皇大帝又指派一位鬚眉皆白的道人送來了避塵珠。這三顆寶珠分別安放在塔內一層釋迦牟尼塑像最高貴的部位，從此，塔內一片佛光寶氣。巍巍木塔可以自行防火、防水、防塵。

　　木塔本來坐落在城內最低窪的地方，地基下沉，四周常有積水。由於水的常年浸泡，周圍民房不斷倒塌，就連木塔台階有的也難倖免，可唯獨高大雄偉的木塔巍然不動。

　　有一年七月，應縣南山的小石峪、大石峪等五大峪口的洪水都向木塔四周急流彙集，洶湧的波濤，滾滾的浪花，直向木塔衝擊而來。可是到了木塔跟前，驟然波平浪靜，水面逐漸形成鍋底狀，積聚的洪水繞過木塔，緩緩向四面八方流去，人們說，「避水珠可真靈呀！」

■塔裡端坐的佛像

木塔的頂尖直插入半天雲內，一眼望去，可真夠高，可是一直沒有被雷擊的現象。因而人們又說：「避火珠真靈啊！」

木塔建築高聳，結構精巧，有好多處是人們難以到達的境界，但是不論棚頂，還是窗櫺子，都極少灰塵。所以，人們還說：「避塵珠真靈啊！」

應縣木塔底層大門的對面有一尊高大的如來像，坐在一個巨大的蓮花台上。這個蓮花台被八個力士扛著，力士個個力舉千鈞，形象生動逼真。

傳說，這八個大力士本來是駐守八個方向的護法天神，他們乘如來古佛外出講經說法的時候，偷偷匯聚此處，私下凡塵。

本來天下三山五嶽、五湖四海像棋子一樣排列得整整齊齊。可是，八力士下凡以後，隨便把山搬來搬去，弄得不成樣子。天下百姓被他們攪得流離失所，怨聲載道。

秀才別稱為茂才，原指才之秀者，始見於《管子·小匡》。秀才是中國古代選拔官吏的科目。也曾作為學校生員的專稱。「秀才」在隋朝科舉開始以前就已經有了。

俗話說：「天上一晝夜，人間一百年」，當如來返回西天，這八個大大力士已經把人間搞得亂七八糟了。如來為了降服這八個亂世魔王，搖身一變成為一個秀才下了凡，來尋找這八個大力士。

　　這天，如來終於找到了他們，此時，這八個大力士正在一起玩弄幾座大山呢！

　　如來迎面上去施禮道：「八位將軍難道就是天下聞名的大力士嗎？可是，我不相信呀！如果你們真是天下聞名的大力士，那我現在坐在這個蓮花台上，看看你們能不能把我給抬起來？」

　　八個大力士說：「哪裡用得了八個，兩個就行。」

　　說著就上去兩個大力士，不想蓮台絲毫未動。接著，他們又上去了四個大力士，六個人一起抬，結果蓮台才剛剛被他們抬過雙腿。

　　最後八個大力士都上去了才把蓮台抬過了頭頂，可是，抬過頭頂後，他們只聽一聲「定！」八個大力士就變成了現在這個樣子，永遠抬著蓮台。據說這八個大力士誰也離不開誰，其中走一個，另外七個就要被壓死。所以，他們互相瞅著誰都怕誰走了。

　　還聽說，應縣木塔第六層的蓮花頂周圍長著一圈靈芝草，而且一年四季蔥鬱旺盛。這靈芝草還有一段美麗的傳說故事呢。

　　傳說，很早以前，寶宮禪寺裡有一位慧能大師，他在夜裡夢見釋迦牟尼坐在他的身旁說：「峨眉山上有一株靈芝草，你若能把它采回來，栽在一塊寶地上，這地方一定會年年風調雨順，國泰民安。」

　　靈芝草自古以來就被認為是吉祥、富貴、美好、長壽的象徵，有「仙草」、「瑞草」之稱，中華傳統醫學長期以來一直視為滋補強壯、固本扶正的珍貴中草藥。在民間傳說靈芝有起死回生、長生不老之功效。

　　夢醒之後，慧能大師為了應州百姓的興旺和安康，就向峨眉山的方向徒步啟程了。

　　在這次行程中，慧能大師日夜兼程，一天只吃一頓飯，喝一次水。

　　終於在第十五天清晨，他來到了峨眉山腳下。他站在山谷中，舉目望去，好一派世外桃源之景啊！可是，這麼大的山，這靈芝草長在哪一道山谷中呢？

■遠觀應縣木塔

　　慧能大師心裡一片茫然，於是他在這山凹中隨便漫行起來，不知不覺兩天兩夜過去了。這天，他攀上了一個山巔。這時，飛來一塊彩雲，立時狂風大作，把他的草帽「颼」地一下吹向了天空。

　　慧能大師便伸手去抓，誰知草帽像被一根無形的繩索拽著一樣沿山坡溝壑飄飛，慧能大師也只好跟著草帽飛崖跳溝。

　　最後草帽掛在一道山溝向陽處的石壁上。慧能大師走近石壁一看，草帽帶兒正掛在一株伸手可摘的花草上。他細細一瞧，這花草長在岩石隙縫中，枝葉老綠而又翡翠，花兒紅中透紫，而又紅得放光。

慧能大師愣住了，這是一株什麼草呢？正在他茫然不解時，忽然從幽谷中傳來一個悠長的聲音：「靈──芝──草！」接著，回音四起，滿山遍野全是「靈──芝──草」的聲音，慧能大師頓悟，這花草一定就是靈芝草！

慧能大師把靈芝草采回寶宮禪寺，栽在木塔第六層頂的蓮花座上。從此，這靈芝草年年旺盛，四季常青。從此，應州大地年年風調雨順，五穀豐登。

人們為了紀念慧能大師的這一功德，有一名畫家給他畫了一張畫。畫面上是一個蓄髮、繡頭、短鬚，滿臉忠厚的人正身披蓑衣、挽著褲子、背著柳簍，一手拄著拐杖，拐杖上還掛著草帽，另一隻手捧著一株花草，光著腳在山崖之中行走呢！這圖叫「採藥圖」，原來藏在第四層佛像腹內。後來被保存在應縣文物管理所。

閱讀連結

每到秋季，應縣木塔周圍飛舞著成千上萬隻麻燕，景緻十分壯觀，關於麻燕還有一段傳奇的故事：

相傳，玉皇大帝最喜歡麻燕。麻燕也因此變得趾高氣揚。一次，麻燕把宴席上的酒菜仙桃鬧得亂七八糟，觸犯了天規，被天神砍去了它的爪子，一巴掌打出南天門。

麻燕被打出南天門，暈暈乎乎飛在空中，但它發誓要找一個比天庭還要好的地方。忽然它發現一座離天最近的寶塔好像天宮一樣，飛到塔前一看，實在是比天庭還好，這塔便是應縣木塔，於是把家安到了塔上。

因為麻燕被斬了爪，起飛時必須向前一跌才能飛起來，因此，只得住在高大的建築物上。以後麻燕子子孫孫多了，窩裡住不下，也只能分別住到其他高大的建築物上。

▍石獅子旁的夜半唉聲

應縣木塔下面有一對石獅子，這對石獅子雕刻得神形皆備，栩栩如生。這對石獅子雖說是兩塊巨石所雕，但在民間傳說中，有一隻石獅子卻是寶物。

　　相傳，應縣木塔下面原來住著不少人家。其中有一家是一個老母親和兩個兒子生活在一起。後來大兒子娶了媳婦，沒幾天，老大兩口兒就提出來要分家。

　　這家人家因為男人去世了，老太太本想二兒子現在還小，讓大兒子幫弟弟一把，等給二兒子娶過了媳婦再分家另過。

　　但大兒子兩口鬼精，他們想，和母親弟弟在一起太吃虧了。母親有病，常得請醫買藥，弟弟還不能賺錢，整個負擔都是自己的。等給弟弟娶過了媳婦，老父留下的一點家業全折騰光了，兩口兒再被分出去就成了窮光蛋，那樣，啥時候才能過上好光景？

■應縣木塔局部

　　石獅用石頭雕刻出來的獅子，是在中國傳統建築中經常使用的一種裝飾物。在中國的宮殿、寺廟、佛塔、橋樑、府邸、園林、陵墓以及印鈕上都會看到。但更多時，石獅專門指放在大門左右兩側的一對獅子。其造型並非我們現在所看見的獅子，可能是因為中土人士大多沒有見過在非洲草原上的真正的獅子。但也有的說法是西域獅與非洲獅體態不同的緣故。

　　哥哥要分家，弟弟怎好意思反對。做母親的有病，見大兒子和大媳婦沒有要孝敬她的意思，知道不分也不行，只好默不做聲。

　　弟弟問哥嫂：「分就分，母親怎麼辦？」

　　哥哥說：「母親想和誰一起過就和誰一起，分東西時把母親那份分出來。」

　　弟兄倆徵求母親的意見。母親說：「我和老二在一起吧！」她知道，老二忠厚孝順，老大夫妻奸猾。

　　分開後，老大做起了小買賣，每天收入還算不錯。老二很不幸，母親有病，他每天在家伺候，不能出去幹活，自然掙不來錢，而母親治病每天還要花錢。不到一年，老二連同母親分得的家產，就變賣光了，眼看著別說替母親請醫買藥，就連三頓飯也沒辦法解決了。

■ 塔下的石獅子

■ 木塔全景

　　老二沒了主意，就和哥嫂商量，想暫借錢為母親治病，等自己掙了錢再還給他們。老大沒等老二把話說完就氣了，說：「當初分家是你同意的，你要和母親在一起，是利是害都是你的，和我沒相干。」

　　老大媳婦說：「我們也是吃了上頓沒下頓，你還是到別處想想辦法吧！」

　　老二聽了哥嫂的話很後悔，早知道是這樣，還不如找外人商量哩！他只好靠給人做些零工或乞討養活母親，為母親買藥治病，下決心再不登哥哥的家門。

　　老二天天出外幹活或乞討，討到好的就給母親留著，討到一些零錢就攢起來，等給母親買藥。

　　有一天，老二討到一塊熟豬肉，他特別高興，心裡說：「母親多日沒吃肉了，老人家見到這塊肉，一定很高興。」

　　他一路哼著小曲兒往家裡走，走到木塔下，忽聽得有人叫他：「老二老二你站住！」

　　老二站住了，回頭看看，見周圍沒有人，正要繼續往前走，猛地看見塔寺院門前的石獅子嘴在動，有聲音從石獅子嘴裡傳出來：「老二，請你把肉放進我的嘴裡，我會給你吐金子。」

老二又驚又喜又懷疑，慢慢走過去，把肉放進了獅子嘴裡。只見獅子脖子一動，把肉嚥下去了。過了一會兒，脖子又一伸，果然吐出一塊金子來。

老二給獅子磕了一個頭，說了聲謝謝，歡天喜地地跑回了家。老二拿金子給母親請名醫買好藥，母親的病一天天好起來，母子倆從此舒展開了愁眉。

老二知道塔下的石獅子不是一般的石獅子，就每天割二兩肉煮熟給石獅子送去，石獅子每次總是嚥下熟肉給老二吐一塊金子出來。老二的光景很快超過了老大。

老大挺納悶，心想，老二一不居官，二不種地，光景咋就越來越好，比我都好了。這裡頭肯定有緣故。於是，老大開始注意老二的行動。老二的祕密終於被老大發現了。

應縣木塔遠景

　　於是，老大也偷偷的學老二的樣子，每天割二兩肉煮熟餵進石獅子的嘴裡，然後從石獅子嘴裡取走一塊金子。過了些日子，老大覺得這樣幹太不過癮了，他心想：放二兩肉能得到一小塊金子，那放上二斤肉，一定能夠得到一大塊金子。這天，老大果然割了二斤肉，煮熟後，塞進了石獅子嘴裡。他等呀等，就是不見有金子吐出來。

　　這時老二來了。老二問老大：「你站在這兒幹啥？」老大把事情的經過全向老二說了。

　　老二說：「你太貪心了，這下，石獅子再也不會吐金子了。」

　　老大回到家裡一看，連以前取回的金子也不見了，兩口子氣得痛哭了一場。老大從此病得起不來了，整天唉聲嘆氣。沒多久，全部家產典當光了，也沒把病治好。老二再得不到金子，就開始做買賣，越做越大，後來成了大商人。娶了媳婦，生了孩子，一家人過得和和美美，人人羨慕。

■釋迦塔仰視圖

閱讀連結

關於應縣木塔下的石獅子還有另外一種說法：相傳，一個南方人來到了應縣，他每天半夜走到石獅子跟前，在石獅子嘴裡放二兩肉，然後又從石獅子嘴裡取幾塊銀元。

此事被他住店的店掌櫃發現後，也和他一樣，每天半夜後給獅子放二兩肉，又從嘴裡取出幾塊銀元。不幾天，店掌櫃家裡的小缸缸放滿了銀元。

這一天店掌櫃想，要是給石獅子嘴裡放二斤肉，就能取出以往的十倍銀元。於是他把二斤肉放在了石獅子嘴裡，石獅子把肉吃了，可是左等右等不見往外吐銀元，原來石獅子撐死了！

名人登塔題匾永留後世

■ 木塔全景

古往今來，觀瞻應縣木塔是一大樂事，歷史上不少帝王將相、達官貴人、文人墨客以及佛門弟子，在盡興遊覽之餘紛紛為木塔揮毫潑墨，留下了不少讚美絕句。

現存塔上個大寺門牌樓共有三十五面牌匾和六副楹聯，有的敘事繪景，有的寫意抒情，文字精彩，寓意深長，而且書法遒勁多姿，各有千秋，是中華文學、書法藝術之魂魄，同時也是歷次修繕木塔的歷史見證。

木塔從上到下每一層都懸掛有牌匾，書寫著崇敬者的肺腑感言，看得見的有「萬古觀瞻」、「天柱地軸」、「正直」、「天宮高聳」、「天下奇觀」、「峻極神工」、「峻極於天」等匾額。

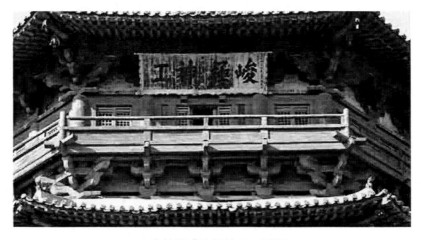

■朱棣題「峻極神工」匾額

最上面的一層塔檐下懸掛的「峻極神工」牌匾，是明成祖朱棣的御題。明成祖在位期間共五次率兵征伐韃靼人，最後一次征伐，是公元一四二三年，明成祖率兵勝利班師途中路過應州，停留暫住在應州城裡。

朱棣欣然登塔，禁不住文思泉湧，揮筆寫下「峻極神工」四個字，既是對木塔宏偉高大、巧奪天工的讚頌，也是對自己文韜武略、天下無敵的豪邁表白。

第四層塔檐下是「天下奇觀」的四字匾，為明武宗朱厚照御題。

西元一五一八年，明朝另一個皇帝明武宗朱厚照路過應州。同是皇帝親自統兵，同是征伐韃靼人，同是勝利班師回京途中，在木塔慶祝「應州之捷」。

朱厚照親臨木塔，即興寫下「天下奇觀」四個字，既讚美木塔的勝景，又抒發自己的豪情。

朱棣（公元一三六零年～一四二四年），明朝第三位皇帝，明太祖朱元璋的第四子。公元一四零二年登基，改元永樂。他五次親征蒙古，鞏固了北部邊防，維護了中國版圖的統一與完整。多次派鄭和下西洋，加強了中外的友好往來。編修《永樂大典》，疏濬大運河。公元一四二一年遷都北京，對強化明朝統治造成了非常積極的作用。在位期間經濟繁榮、國力強盛，史稱「永樂盛世」。

■王獻題「釋迦塔」匾額

第三層塔簷下是豎排的「釋迦塔」匾，這是整個木塔年代最古老的牌匾，是一一九四年製成的。

「釋迦塔」三字由金代七品官員西京王獻所書，三個雙鉤黑字，顏體楷書，間架嚴整，很有骨勁。

　　頗有意思的是釋迦塔三字的兩邊，還有兩百三十六個字題記，記述了歷次修塔的歷史。據說在木塔大修時，人們發現這些題刻的字體、字跡和刻痕深淺不同，是分六次做成的，因此證實了牌匾確是歷史久遠、價值連城的真古董，而非後世一次性仿製的。

　　知州古代官名。宋以朝臣充任各州長官，稱「權知某軍州事」，簡稱知州。「權知」意為暫時主管，「軍」指該地廂軍，「州」指民政。明、清以知州為正式官名，是各州行政長官，直隸州知州地位與知府平行，散州知州地位相當於知縣。

　　第二層塔檐下是「天宮高聳」的匾額，語意深刻，筆法強勁峻拔。「天宮」指佛與菩薩所居的天上宮殿。「高聳」形容其巍峨，寓意木塔像高大的天宮一樣，裡面住著佛和菩薩在誦經，是人間絕無僅有的神聖建築。此為清代光緒年間應州知州李恕所書。

　　第二層平座外「正直」二字匾，出自清代雍正年間懷仁知縣李佳士之手。「正直」二字一語雙關，一指木塔筆直，二指為官做人要正直無私、心地坦蕩，頗有教益。

　　第一層塔檐下「天柱地軸」一匾，出自《淮南子‧天文訓》：

　　昔日共工與顓頊爭帝位，怒而觸不周山，天柱折，地維絕。

　　元好問字裕之，號遺山，山西人。他在詩、詞、文、曲、小說和文學批評方面均有造詣。他的詩風格沉鬱，存詩一三六一首。其詞藝當為金代詞壇第一人。散曲，用俗為雅，變故作新，今僅存九首。

　　此匾形容木塔像天柱一樣高大，像地軸一樣穩固，是《應州志》編者之一應州人田惠的作品。

　　其他牌匾的題寫者，既有當朝官宦，也有佛門弟子，更多的是一些文人雅士，還有一些題寫者沒有留下姓名。

　　這麼多人，不論學問大小，不論地位尊卑，不論從文習武，都不惜使用最美好的語言來讚頌木塔，表達他們對佛的虔誠敬畏之意。

■朱厚熜題「天下奇觀」匾額

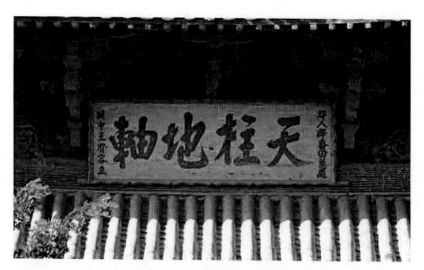

■塔上「天柱地軸」的匾額

如金代元好問的《應州寶宮寺大殿》詩云：

飄渺層檐鳳翼張，南山相望郁蒼蒼。

七重寶樹圍金界，十色雯華擁畫梁。

竭國想從遼盛日，閱人真是魯靈光。

請看孔釋誰消長，林廟而今草又荒。

顧炎武原名絳，字忠清，明亡後改名炎武。江蘇崑山人。因他的故居旁有亭林湖，學者尊為亭林先生。他一生輾轉，行萬里路，讀萬卷書，創立了一種新的治學方法，成為清初繼往開來的一代宗師，被譽為清學「開山始祖」。

清末顧炎武的《應州》詩：

潔南宮闕盡，一塔掛青天。

法像三千界，華戎五百年。

空幡搖夜月，孤馨落秋煙。

頓覺諸緣減，臨風獨灑然。

現代趙樸初的《題應縣木塔並志遼藏殘經》：

塔開多寶現神通，木德參天未有終。

遼藏千年哀滅盡，不期鱗爪示全龍。

或許正是因為對佛的敬畏，應縣木塔歷經滄桑，遭受過無數次自然和人為的破壞，但始終沒有遭到致命的人為禍害，沒有被整個毀掉。

據史書記載，西元一三零五年，大同路發生 6.5 級強烈地震，有聲如雷，波及木塔。元順帝時，應州大地震七日，塔旁舍宇皆倒塌，唯木塔屹然不動。

元順帝也就是元惠宗，元朝第十一位皇帝，也是元朝的最後一位皇帝。他之所以又叫元順帝，是因為明太祖攻打大都時，元惠宗不進行抵抗，僅帶部分家眷逃往上都，後又逃至應昌，因為沒有進行大規模的抵抗，明朝史官認為他順應天意，故在明朝史書中都以元順帝稱呼他。

無情的雷擊、陳年累月的塞外狂風，都曾給木塔施加淫威，在兵荒馬亂，戰火硝煙的年代，也曾使木塔傷筋動骨。

木塔之所以壽命綿延，除其本身結構堅不可摧外，歷代不斷維修也是一個重要原因。

西元一九五三成立了文物保管所，西元一九七四年至一九八一年，中國先後多次撥款，調撥優質木材，補修更換了樓板、樓梯和圍欄，加固了二三層的大梁，歸整加固了塔基，並油飾了外部所有的構件。

一九九三年，應縣木塔的維修搶救工作已引起中國有關部門的高度重視，後來中央電視台向全世界徵集維修方案。

後來，又在塔前牌坊處向南開通一條寬 60 米長 400 米，具有遼代建築風格的古建大街。在塔後興建一座占地 24000 平方米的塔影公園，園內假山碧水亭臺樓閣鳥語花香。

這些建築落成後，與雄偉高大的木塔渾然一體，構成一幅美妙絕倫的圖畫，更能顯示出它悠久的文化底蘊。

每年的端午節，當地的百姓都要身著新裝，全家老少一起結伴到木塔前燒香拜佛，並登上木塔的最高層，表示節節高升。如今，木塔受到文物保護，人們雖然不能集體登臨塔上，卻還是要到塔前燒香祈禱的，場面十分隆重。

閱讀連結

傳說，應縣木塔在修葺之後有夜間放光現象。據說，明代和清代時塔內放光，就是木塔大修之後的現象。清代中期，還為塔內放光掛了匾，匾名：「慈光遠照」，清代晚期，也為塔內放光掛了匾，匾名：「奎光普照」。

木塔夜間放光，到底是怎麼回事？據說，清代晚期，寶宮禪寺慧能大師在塔內深夜放光通明之後，他整天在佛前唸經。

三天后的夜間，釋迦牟尼託夢給他，說應州人信佛虔誠，經常上佈施，修葺佛殿，應該給人們好的報應，同時在報應之前要讓人們有所覺察，便在塔內放顆夜明珠。所以每當木塔修理完畢，寶塔就會放光。

古塔薈萃　四大古塔

　　一百零八塔是中國現存大型古塔群之一，位於銀川市青銅峽水庫西岸的崖壁下。

　　居庸關過街塔位於北京市昌平區，名「雲台」，有「遠望如在雲端」之意，建於西元一三四二年至一三四五年間。是元代大型過街塔的基座。

　　山西飛虹塔矗立在山西洪洞縣東北的霍山之巔。它與河南開封鐵塔齊名，被譽為「中國第二塔」。

　　金剛寶座塔位於海澱區西直門外，因其形式是在一個高台上建有五座小型石塔，又稱五塔寺塔。

▌穆桂英點將台化為一百零八塔

　　相傳在北宋年間，楊門女將穆桂英大戰幽州後，急於西征趕路，在一夜之間竟行軍三千餘里路，來到了當時西夏國的三關口地界，而穆桂英的丈夫楊六郎正被困在此地，於是，穆桂英率軍前去相救。

■穆桂英原為穆柯寨穆羽之女，武藝超群、機智勇敢，傳說有神女傳授神箭飛刀之術。
因她在陣前與楊宗保交戰，穆桂英生擒宗保並招他成親，歸於楊家將之列，為楊門女將
中的傑出人物。

　　當穆桂英殺入敵營救出六郎後，忽聽得敵營中有人大喊：「刮東風，刮
東風，哪有媳婦刁公公？」

　　穆桂英聽得此言，異常氣憤，又殺了回去，殺敵無數，才肯罷休。

　　第二天，穆桂英又一次與敵軍對陣，直至將敵軍追到了青銅峽峽口山的
山下，便選定了黃河西岸的小廟安營紮寨。從那日開始，她就經常在這座小
廟前點兵派將。

■西夏國遺址

　　這天，穆桂英一算，從幽州開始到此地，在短短三個月的時間裡，就已經損失了一零八位虎將，心中十分悲傷，於是，她便令士兵挖黃河泥，燒製白灰，在小廟前修築了一零八座墳，以表示對死去的一零八位虎將的紀念。這便是後來人們看到的一零八塔。

　　後來，人們就把這裡叫做穆桂英點將台。話說有一年，遼兵進犯中原。穆桂英掛帥大戰遼兵，殺得遼兵節節敗退。正當她率領大軍乘勝追擊時，突然她分娩了。

　　敗退到居庸關北的遼兵得知此訊，以為有機可乘，立即停止敗退，準備捲土重來。

　　剛剛分娩不到三天的穆桂英，接到緊急戰報，心中很是惱火，立即披掛上陣，要前去擊退敵兵。

　　幽州又稱為燕州，是中國歷史上的古地名，北京、天津與朝陽市一帶，範圍包括河北省東北部和遼寧省西部的一些地域。幽州的中心是薊縣。上古稱為「薊」，薊國的國都；春秋中期，燕國滅薊國，遷都於此，改名「燕京」。

■青銅峽的一零八塔

　　眾將官急了，忙上前勸道：「元帥，遼兵前來反攻，自有我們抵擋，你身體要緊，還是留在帳內休息，不要出去的好。」

　　穆桂英說：「遼兵反攻，戰情緊急，我身為元帥，怎能坐帳不出呢！」說著她就把嬰兒交給了丫鬟侍女看管，並馬上傳令大小三軍將領，帶領人馬速到點將台聽點。

　　眾將領見元帥不顧身體虛弱，還要出征抗敵，都深受感動。不多時，就都帶領兵馬到一零八塔前的點將台前聽點了。

　　且說遼邦兵將，正準備拔馬回頭，反攻宋營時，前方打探軍情的探子回來報告說，此時，穆桂英正披掛整齊，威武地站在點將台上點將呢！

　　元帥這個地位顯赫的頭銜，在歷史上曾經有過兩種含義：一是官職名稱，二是軍銜稱號。元帥一詞源自上古德意志文「馬」和「僕人」，在最早的時候，元帥是宮廷裡管理國王馬窖的官。在中國，該詞最早出現在公元前六三三年的春秋時期。

　　遼邦眾將一聽都愣住了，看來說穆桂英分娩是謠傳，不能上當。於是遼邦將領命令眾軍趕忙又往北退去，一直退到了八達嶺外。

　　據說，後來那個點將台上一直留著穆桂英的腳印和二十八個帳篷桿眼呢！

　　關於一零八塔來歷的說法還有很多。有的說一零八塔是古人設在此處，是為了給黃河測水的標尺；有的說是為了佛教密宗中毗盧遮那佛的一零八尊法身契印所建的佛塔，是對佛的虔誠。

　　關於一零八塔的來歷，還有一種傳說：在古代，青銅峽這段黃河經常有凶龍出現，淹沒農田，毀壞房屋，殃及百姓。於是人們不惜重金集資建此一零八塔，以鎮龍壓凶。

　　此外，關於它的建造還有一種說法是，明初，戍守軍隊在保衛長城的一次戰鬥中，有一零八位將士在黃河岸邊阻擊敵人，全部壯烈犧牲。

　　毗盧遮那佛也就是大日如來佛，是佛教密宗至高無上的本尊，是密宗最高階層的佛，為佛教密宗所尊奉為最高的神明。密宗所有佛和菩薩皆自大日如來所出，在金剛界和胎藏界的兩部曼荼羅中，大日如來都是居於中央位置，他統率著全部佛和菩薩，他是佛教密宗世界的根本佛。

　　老百姓為了紀念這些將士們，就建了這個排成眾志成城陣勢的一零八塔，以寓英靈長存。還有人說，抗敵而死的並非戍守長城的將士，而是一零八個和尚，一零八塔是為了紀念這些和尚而建的。

一零八塔群位於青銅峽西岸，坐西朝東，背山面河，皆為實心藏傳佛教塔，依山勢鑿石分階而建，自高而低有階梯式護坡平台十二級，逐級加寬，按奇數排列，精整有序，總共一零八座，全部都是用磚砌成，並抹以白灰。

■青銅峽一零八塔遠景

■呈「金字塔」陣的一零八塔

　　塔群中最上面一座塔高 4 米，其餘各塔高均在 2.5 米至 3 米之間，構成一個金字塔陣，蔚為壯觀。

　　塔體形制大致上可以分為四種類型：第一行一座為覆鉢形，面東開有龕門；第二行至第四行，為八角鼓腹尖錐形；第五行至第六行，為葫蘆形；第七行至第十二行，為寶瓶形。

　　金字塔在建築學上是指錐體的建築物，一般來說基座為正三角形或四方形等的正多邊形，也可能是其他的多邊形，側面由多個三角形或接近三角形的面相接而成，頂部面積非常小，甚至成尖頂狀。

　　這一零八塔每個塔的結構看起來都大致相同，塔的底座都是磚砌的八角形須彌座，塔心的正中還立著一豎木，裡面填的是土坯，外面砌著青磚，塔體外表塗著白灰，整個塔的形狀就像一把蓋著寶珠的傘。

　　有人認為，這些塔跟北京妙應寺元代白塔的造型很相似，都具有靈塔的特點。這些塔大小有別，頂端的那座大塔，它的底部是個八角形的束腰須彌座，塔身象覆鉢，塔頂如寶珠，東面還有個供人燒香的小門，一零八塔中數這個塔最大。它下面的塔按比例縮小，它們的塔身形狀也逐層有變化。西夏國滅亡後，一百零八塔就一直被冷落在這山野。一九五八年，在這佛塔以東的滔滔黃河上興建了青銅峽攔水壩時，人們才意外地發現了這遺忘了數百年的一零八塔。

　　西夏又稱邦泥定國或白高大夏國，是中國歷史上，在公元一零二八年，由黨項族建立的一個王朝，主要以黨項族為主體，包括漢族、回紇族與吐蕃族等民族在內的國家。因位於中國地區的西北部，史稱西夏。並形成了獨特的西夏文化。

　　當時，人們發現這些塔的塔心正中就立著一根豎木，而且這些塔也的確是用土坯砌的，最外一層的塔面上還有彩繪遺蹟。後代的人重修時，又在土坯塔體外面另外包了一層磚，還給磚上抹了一層泥。從建築學的角度看，這些塔上下協調，隱含著佛家「人生在世，有大造化，也有小造化；有大功德，也有小功德。只要用心修行，虔誠向佛，他的功勞便不磨滅」的意味。

■排成十二行的古塔

■大禹姓姒，名文命，字高密，號禹，後世尊稱大禹。他是中國傳説時代與堯、舜齊名的賢聖帝王，他最卓著的功績，就是歷來被傳頌的治理滔天洪水，又劃定中國國土為九州。後人稱他為大禹，也就是偉大的禹的意思。

　　那麼，為什麼這一零八塔非要建在青銅峽呢？主要是這裡風水好。

　　首先，這一零八塔的後面有青銅色的山做屏障，前面又有黃河潤澤塔四周的草木。同時，在這塔群附近的黃河庫區，還有個被人譽為「候鳥天堂」

的青銅峽鳥島。每年春季，數萬隻候鳥從南方趕來，在這裡生兒育女。綠草青山，飛鳥成群，也給這古老寂寞的塔群增添了無限生機。

賀蘭山位於寧夏回族自治區與內蒙古自治區交界處，蘭山脈海拔 2 千至 3 千米，北起巴彥敖包，南至毛土坑敖包及青銅峽。山勢雄偉，若群馬奔騰。它是中國西北地區的重要地理界線。

不過，考古專家卻認為：黨項族人在此修造佛塔，與佛教有關。西夏王國崇尚佛教，就把佛教定為國教。因此寧夏境內的寺、塔很多。

再說這青銅峽，當然離不開黃河，黃河這條中華民族的母親河，自青藏高原奔流而下，從甘肅省的黑山峽進入寧夏境內，蜿蜒地穿過了牛首山，便形成了 8 千米長，高出水面數十米的陡壁，這就是青銅峽。峽谷兩岸的高山峻嶺上，奇岩怪石，姿態萬千，古木森森，映蔽江面。據說青銅峽峽谷的形成離不開大禹的功勞。

相傳在遠古時候，這裡是由黃河水形成的大湖，由於賀蘭山的阻擋而水流不暢。大禹來到此地，看到上游因湖水受阻而形成了水澇，下游沒水又是旱情肆虐。為瞭解救百姓遠離這種苦難，這位治水英雄舉起他的神斧，奮力地向賀蘭山一劈，只聽得一聲巨響，只見山中間豁然出現一道峽谷，黃河之水得以疏通，下游旱情得到瞭解決，上游也不再有澇災了，農田滋潤肥沃。

《一統志》原名《大明一統志》，李賢、彭時等奉敕修撰，明代官修地理總志。李賢，字原德，河南鄧縣人，官至吏部尚書、華蓋殿大學士。彭時，字純道，江西安福人，官至吏部尚書、文淵閣大學士。該書條次井然，富而不臃，強調大一統的政治理念，在體例上對後世方志多有影響。

就在大禹劈開賀蘭山的時候，滿天的夕陽把山上青色的岩石染成了迷人的古銅色，大禹見此情景，興致勃勃地提筆在山岩上寫下了「青銅峽」三個大字，從此這段峽谷便有了青銅峽這個名字了。

■青銅峽谷

■木塔的來歷成為不解之謎

人們為了紀念大禹的功績，就在他住過的山洞旁，修建了一座禹王廟，並寫詩讚道：

河流九曲匯青銅，

峭壁凝暉夕陽紅。

疏鑿傳聞留禹跡，

安瀾名載慶朝宗。

關於一零八塔的身世，雖然明代李賢的《一統志》一書中有對「古塔一百零八座」的明確記載，但塔的來龍去脈，至今仍是個不解之謎。

二十世紀五零年代末，青銅峽要修建水利樞紐，在建造水庫大壩不得不遷移一零八塔時，人們從打開的塔座裡發現了不少帶有西夏文字的千佛圖帛畫和佛經殘頁以及其他一些文物。

寧夏居黃河上游，北倚賀蘭山，南憑六盤山，黃河縱貫北部全境，歷史文化悠久，古今素有「塞上江南」之美譽，寧夏是中華文明的發祥地之一。早在三萬年前，寧夏就已有了人類生息的痕跡，自古以來就是內接中原，西通西域，北連大漠，各民族南來北往頻繁的地區。

有專家認為，一零八塔應修建在元代，理由是當年元滅絕西夏，不可能留下任何建築，而且一零八塔的形制屬於元代時新出現於內地的藏傳佛教式塔，因此可以推測塔群應當是始建於元代的。

但也有學者根據對一零八塔出土的西夏文物研究後斷定，一零八塔應建於西夏時期。西夏時期，無論是統治階級還是平民百姓，都對佛教崇拜之極。

因此，西夏時期的寧夏不僅佛塔林立，而且是中原佛教文化與西部佛教文化以及佛教各種教派文化的交匯點，在西夏王朝統治的河西走廊一帶修建有大量的佛寺、佛塔等。

青銅峽一零八塔是中國佛塔建築中唯一總體布局為三角形的大型塔群。一零八在中國佛教中有著非常特殊的意義。

佛學認為，人生有煩惱和苦難一零八種，為消除這些煩惱與苦難，規定慣珠要一零八顆，唸佛要一零八遍，敲鐘要一零八聲，所以一零八塔應該是為消除人生煩惱和災難而特意建造的。

那麼，為何要排成十二行呢？佛教又認為，人生最基本的迷惑和痛苦有十二因緣。此外，十二還是古代天文學和曆法中有關時間與空間最基本的數字，如一年十二個月，晝夜各十二小時，太陽穿過黃道十二星象的運行等，成為精神與世俗世界統一的象徵。一零八塔排列成十二行，是有其深邃的內涵的。

閱讀連結

在寧夏民間流傳著這樣一段故事，說北宋年間，楊門女將穆桂英掛帥出征，率兵來到寧夏青銅峽的黃河岸邊，與對岸的敵軍相持。

面對洶湧澎湃的滔滔黃河，穆桂英威風凜凜地站在山頂，手持令旗，開始點將。穆桂英點了一百單八將，組成了一個變化無窮的「天門陣」。

敵軍隔岸觀望，見穆桂英颯爽英姿，佈陣有方，嚇得失魂喪膽，不戰而逃。後人為了紀念穆桂英，就在穆桂英點將的地方修建了一座代表一百單八將的「穆桂英點將台」。一零八塔由此而來。

魯班建造居庸關雲台過街塔

居庸關過街塔，位於北京市昌平區南口鎮北八達嶺長城的居庸關關城內，建於西元一三四二年至一三四五年間，是三座建立在高台上的白色覆鉢式塔，稱為「過街三塔」，元末明初毀於地震。

明代時，由於三塔已毀，便在塔座上建了一座佛祠，塔座則被稱為「雲台」，意思是望之如雲端。

公元一四三九年，佛祠又被毀了，於是又建一座寺院泰安寺。西元一七零二年，泰安寺又不幸失火燒燬，只留下了後來人們見到的塔基「雲台」。雲台石刻堪稱一絕。券門內兩側右壁及頂部刻有佛像。進入券門，兩壁刻著四幅天王像。每幅均高 3 米，寬 4 米。分別雕刻東方持國天王提多羅吒；南方增長天王毗琉璃；西方廣目天王毗琉博叉；北方多聞天王毗沙門。

■居庸關雲台

這四大天王像均為坐姿，體態高大威嚴，怒目圓睜，頭戴法冠，身披鎧甲，足踏戰靴，手執法器，左右有屬鬼神將協侍，腳下鎮壓著妖魔，是護持佛法，鎮守國家四方的尊神。

據說明朝正德年間，明武宗皇帝朱厚照微服出遊，夜間騎馬偷偷混出居庸關時，他的坐騎見到四大天王像，嚇得不敢前行。無奈之下朱厚照下令用煙火把像燻黑了，才得以出關。

券門兩壁四天王的空間處，有用梵、藏、八思巴、畏兀兒、西夏、漢 6 種文字鐫刻的《如來心經》經文、咒語、造塔功德記等。

鎧甲指中國古代將士穿在身上的防護裝具。甲又名鎧，起源於原始社會時以藤、木、皮革等原料製造的簡陋的護體裝具。商與周時期，人們已將原始的整片皮甲改製成可以部分活動的皮甲，即按照護體部位的不同，將皮革裁製成大小不同、形狀各異的皮革片，並把兩層或多層的皮革片合在一起，表面塗漆，製成牢固、美觀、耐用的甲片，然後在片上穿孔，用繩編聯成甲。

居庸關過街塔壁藏

券門頂部刻有五個曼荼羅，即五組圓形圖案式佛像，佛界稱其為壇場。壇場的設立有保護眾佛修煉，防止魔眾侵犯的意思。五曼荼羅連同其他佛像，共一版九十七尊。

五曼荼羅的主尊佛像，由北往南依次為：釋迦牟尼佛、阿彌陀佛、阿佛、金剛手菩薩和普明菩薩。

券頂兩側的斜面上，刻有十方佛，在每方佛的周圍還分別刻有小佛一百零二座，共計小佛一〇二〇座，取共千佛之意。這些小佛，是公元一四四三年年至一四四九年，修建泰安寺時，由延慶縣境的太監谷春主持補刻的。

券門的南北券面上，雕刻著造型獨特、別具一格的一組造像，其中有大鵬、鯨魚、龍子、童男、獸王、象王等，佛界稱其為「六拿具」。

大鵬寓意慈悲鯨魚為保護之相，龍子表示救護之意，童男騎在獸王上自然是寓意福資在天，而像王則有溫馴善師的含意。

券面最下端的石刻紋飾為交杵，又稱羯魔杵、金剛杵。原本為古印度的一種兵器，在此為斷煩惱、伏惡魔，護持佛法的法器。

關於居庸關雲台過街塔還有一個傳說呢！傳說魯班有個妹妹，愛跟他開玩笑。有一回，兄妹倆路過延慶，登上了南面的一個山頭，魯班往北一指，對妹妹說：「你瞧，北頭那邊又窄又長的平地，多像一條大道，連著平地的山谷，多像一條條小道。咱們腳下的這座山該叫八達嶺才是。」

妹妹問：「為啥？」

魯班笑著說：「出了這座山不就四通八達了？所以叫八達嶺！」

妹妹點點頭。

魯班說：「我笑這居庸關雖好，可惜缺兩樣東西。」

妹妹問：「缺什麼東西？」

魯班說：「第一樣是缺把鎖子，要是在我們站的這兒再修道關口，不光鎖住居庸關開不了，就連往南的大道也鎖得牢牢實實的。」

後來，人們真的把魯兄妹登上的山叫八達嶺了，八達修了關城以後，外頭城門上還真的寫上了四個大字：「北方鎖鑰」。

■ 居庸關雲台和前樓

■ 居庸關過街塔側景

妹妹又點點頭，問：「那第二樣呢？」

魯班說：「居庸關雲台上缺高塔。四周的山那麼高，關城就顯得太低了。」

妹妹說：「你給建一座呀！」

魯班說：「我想連關帶塔一塊修，你要樂意，在這兒住一宿，我先造塔也行。」

妹妹故意說：「哥哥，你也太能幹啦！一夜咋能修座塔呢？」

魯班說：「我可不是牛皮匠。趕明兒個雞叫，我要修不好，我就沒臉再到這地方來了。」

魯班想讓妹妹高興，夜裡，他思索妹妹睡著了才動手，開頭還沒在居庸關上干。他先到延慶西北的佛峪口溝修了塔尖，又到河北易縣修了塔腰兒，最後，來到居庸關，在雲台上修好塔座兒。

妹妹呢，沒睡覺，而是偷偷跑到山尖上，看著哥哥幹活。她見魯班手底下麻利快當，活兒幹得好，心裡挺佩服。

這時候，只要把塔腰兒，塔尖兒搬來，往塔座兒上一放，就齊了。那塔比周圍頂高的山還高半寸哩！可雞叫還早哩，妹妹決定和魯班開個玩笑，嚇唬嚇唬他。

於是，她站在山頂上學了一聲公雞鳴叫。這下可壞了，一聲雞叫，叫醒了無數只公雞，一眨眼，居庸關附近的公雞全都叫開了。

魯班呢，這會兒站在雲台上愣住了。妹妹連忙跑來和哥哥說：「快呀，快點兒把塔尖兒，塔腰兒搬來呀！剛才是我學的公雞叫，跟你鬧著玩的。」

魯班搖搖頭說：「不賴你，賴哥的手藝沒學好。咱們走吧！」

魯班和妹妹走了，留下了佛峪口，易縣和居庸關三座塔。聽說後來還有人量過，要是把三座塔放在一起，真是嚴絲合縫的。魯班走了沒再來。

閱讀連結

在北京延慶縣海坨山腳下佛峪口溝門的西山坡上，矗立著一座約 30 餘米高的五層八角樓閣式白塔，這裡還有一個傳說呢！

很早以前，海陀山下是大海，佛峪口溝到處是水眼，溝裡的水勢很大，沖毀了山外山村和糧田，山民們災難深重。

　　後來天上降下一兄一妹兩位神仙，他倆打賭，哥哥要在五更前修一座幾十層的塔，壓在佛峪口溝門的水頭上，妹妹要在五更前繡出一百雙花鞋給山民女娃穿。

　　哥哥在村南，妹妹在村北，限定五更天雞叫時完成任務。深更夜靜時，妹妹拿出一塊布，一會兒一百雙繡花鞋完成了。

▌工匠受仙人點化建成飛虹塔

山西飛紅塔

　　相傳，古天竺國孔雀王朝的第三代國王叫阿育王，他是個虔誠的佛教信徒，並勤奮好學，熟讀三藏，他決心普救天下生靈。

　　於是，阿育王取出了以前國王所埋的七處舍利，在全世界建舍利塔八萬四千萬座，中國建了十九座，廣勝寺就是其中之一，因為建在山西洪洞縣霍山上，因此在當時叫霍山南塔，人們也稱這個地方為阿育王塔院。

　　霍山上的阿育王塔院，一建起來就很紅火。香火旺盛，寺僧眾多。

　　大約在東漢年間，一位從洛陽白馬寺出遊的老僧來到了塔院，看到僧人們在參佛活動時，全部擁擠在佛塔之下，感到傷心而又好笑。

■「俱盧舍寺」又名「廣勝寺」

　　於是，他以一位來自大寺院「大法師」的身分，向眾佛教徒傳述了《俱舍論》。

　　阿育王塔院的大小僧人，非常尊重這位遠處來的和尚，請他久留塔院。這位洛陽僧人也更加自信，他憑著自己對佛的虔誠和超人的記憶，很快將外地一些寺廟的三身佛和三世佛的塑像在塔院北頭堆塑而成。

　　並為三尊巨佛蓋一大殿，殿內外粉飾一新，金碧輝煌。塔院僧人無不喜上眉梢，笑逐顏開。從此寺內香火聞名遐邇。

　　這座殿就是上寺後大殿的前身。後來，塔院僧人為了不忘記那位來自洛陽的僧人傳播《俱舍論》的功德，寺僧根據殿內報身佛「盧舍那」和法身佛「毗盧遮那」的名字，連同《俱舍論》經書名字，改阿育王塔院為「俱盧舍寺」。

　　《俱舍論》全稱《阿毗達磨俱舍論》，是印度世親菩薩所著。世親菩薩一生著作頗豐，其中小乘論五百部、大乘論五百部，人稱千部論主。本論是其代表作之一，它是佛法知識的寶庫，是學習佛法的必讀之書。

　　霍山古時侯叫霍太山，又名叫太岳山，為中國古代十大名山「五嶽五鎮」之中鎮，位於山西臨汾地區霍州市、洪洞縣和古縣三市縣的交界位置，處於整個太岳山脈的南端。五鎮分別是東鎮山東臨胸沂山、南鎮浙江紹興會稽山、西鎮陝西寶雞吳山、北鎮遼寧北鎮醫巫閭山和中鎮山西霍州霍山。

　　不知又過了多少時候，俱盧舍寺年久失修，就崩潰了，寺院香客也逐日稀少。後來到了南北朝時期，佛教又盛行起來。

　　公元五六三年，有位名叫正覺的和尚路過此地，他見霍山南端金光閃閃，紫氣紅繞，想這裡雖非仙山瓊閣，但已見異端，肯定不是一般的地方。於是他就徑直朝霍山走來，經過他細細打聽，才知道這裡早有過一座舍利寶塔。

　　這地方依山傍水，風景秀麗，果真是個出家人的幽靜之所。當天晚上正覺和尚就邀請當地的和尚，一起做功德場，虔誠拜禱。

　　就這樣，到了第四十九天子夜時分，只聽見半空一聲巨響，就降下了四十多粒色彩變幻的東西來，正覺說這是天帝所賜的舍利子，要他在這裡行善積德，修塔建寺。第二天，正覺和尚就和當地和尚破土動工，重建舍利寶塔，直到唐代皇帝唐肅宗在位時，才將這座舍利寶塔建成。

■廣勝寺飛虹塔

　　到了公元七六九年，汾陽王郭子儀發現寶塔出現了嚴重的裂痕，於是奏請皇帝重修塔院，重修後改名為「廣勝寺」。

　　「廣勝寺有個琉璃塔，離天只有丈七八。」據說這座塔過去高得很，塔身金碧輝煌，巍峨壯麗，是全世界第一座完美的琉璃塔。也有一段美妙的傳說呢！

■廣勝寺的飛虹塔

　　據說早在公元一五一五年，這座塔便開始修建了。所用的磚、瓦、灰、石和木料等，都要從山下運到海拔 730 米的霍山山頂的。

　　那時候只有幾條崎嶇的羊腸小道，運輸極端困難。雖然有幾百人的運輸隊伍，但停工待料的事情還是經常發生。

　　後來，山上來了一位白髮老人，每天早晨在山樑上大聲一呼：「上……工……了！」

　　附近各村的老百姓加上牲畜、雞、豬和羊就一齊出動，輪番往山上運送原料，就是在遠離廣勝寺幾十里外的村莊，那裡的牛馬雖然都拴在自己的槽頭上，但也都汗水淋淋，就像實際參加馱運一樣。

郭子儀唐代著名軍事家，武舉出身，祖籍山西汾陽。他在父親的教育和影響下，從小愛讀兵書，練武功，無論讀書還是習武都刻苦認真。他身材魁梧，體魄健壯，相貌秀杰，不僅武藝高強、陣法嫻熟，而且公正無私，不畏權貴。

琉璃亦作「瑠璃」，是指用各種顏色的人造水晶為原料，採用古代的青銅脫蠟鑄造法高溫脫蠟而成的水晶作品。其色彩流雲漓彩、精美絕倫；其品質晶瑩剔透、光彩奪目。琉璃是佛教「七寶」之一、「中國五大名器」之首。中國琉璃生產歷史悠久，最早的文字記載可以追溯到唐代。

當時有一首歌謠：

廣勝寺有個白髮仙，

能叫六畜上了山，

雞背瓦，羊馱磚，

牛馬在圈也出汗。

由於運輸隊伍逐漸擴大，不久便把全部材料備齊了。當塔建到第三層以後，腳手架越造越高，施工速度越來越慢，匠人們都很著急，停工吧，不好向寺院住持交代，再幹吧，又不會騰雲駕霧。

正在匠人們進退兩難之際，那位白髮老人又來到工地，仰天長嘆欲言而又不語。

匠人們知道他是神仙，神通廣大，便紛紛圍攏上去，向他求主意，老人說道：「我這麼大年紀，已半截入土，半截入土啊！你們自己想辦法去吧！」說罷，就飄然而去。

■山西洪洞廣勝寺

■山西廣勝寺飛虹塔

　　有些人尾隨在老人的後面，見老人站在懸崖的石洞口，朝著塔點頭微笑，轉身入洞，再也不出來了。

老人走了以後，一個匠人將老人的話細細思索了一番，漸漸明白了「半截入土」的含意。於是招呼大家向塔的四周堆土，建一層便堆一層土，這樣，施工便方便多了。

隨著塔高一丈，土就增十尺，終於將塔全部修成，最後匠人們把土刨去，一座宏偉壯觀的寶塔，便屹立於大地之上。由於它全身用紅，黃、橙、綠、青、蘭、紫七色琉璃砌成，在陽光的折射下，散發出彩虹般的光暈，於是人們給它起了個優美名字，「飛虹塔」。

塔平面八邊形，是有十三簷的樓閣式佛塔，全高 47.6 米。除底層為木迴廊外，其他均用青磚砌成，各層皆有出簷。塔身用黃、綠、藍、紫琉璃裝飾，一、二、三層最為精緻，有飛簷凌空下的斗拱，製作精巧的蓮花椅柱，上刻各種圖案，佛像凝重肅穆，菩薩慈祥可人，和尚憨態可掬，力士威風抖擻，童子天真活潑，造型生動逼真，色澤艷麗奪目，各種構件和圖案塑制精細，彩繪鮮明。

斗拱亦作「鬥栱」，中國建築特有的一種結構。在立柱和橫樑交接處，從柱頂上的一層層探出成弓形的承重結構叫拱，拱與拱之間墊的方形木塊叫鬥。兩者合稱斗拱。也作枓拱、枓栱。由鬥、栱、翹、昂、升組成。斗拱是中國建築學會的會徽。

■塔基上的佛像雕刻

　　塔內中空，有踏道翻轉，可攀登而上。從底層圍廊頂上的琉璃瓦，到二層以上八個主面的琉璃浮雕懸塑的千百個構件，技藝超凡，國內罕見，嘆為觀止。整座佛塔輪廓清晰，形象生動，制工精緻，氣勢雄偉。

　　在塔的十三層八角上，有龍頭琉璃套獸，獸嘴中掛有風鈴，共一一四個。其第二層外部琉璃構建最多，布局最為華麗，八個柱腳由頭頂蓮子盤的力士擔當，每個檐面斗拱下部都有琉璃金剛坐像，無一重複。

　　藻井是中國古代殿堂室內頂棚的一種獨特做法，一般做成向上隆起的井狀，有方形、多邊形或圓形凹面，周圍飾以各種花藻井紋、雕刻和彩繪。多用在宮殿、寺廟中的寶座、佛壇上方最重要部位。

飛虹塔頂部還有絢爛多姿的藻井，整個布局宛若西天勝境一樣，曲曲折折的雲梯可以一直攀緣到寶塔的十層。

清康熙三十四年（公元一六九五年），平陽盆地發生八級大地震，此塔也安然無恙，顯示了這座古塔設計施工的高水平。塔頂有當年地震的題記，為研究當年平陽地震情況提供了寶貴資料。

塔底部的圍廊建於明天啟二年（公元一六二二年），雖然比飛虹塔晚建近百年，但銜接自然，風格一致。飛虹塔經受了四百餘年的風雪侵蝕，堅如磐石，完好無損。古往今來，讚美廣勝寺和飛虹塔的名詩真是數不勝數。

唐太宗李世民曾經率兵在廣勝寺附近打過一次大勝仗，因此，在他存世不多的作品中，就有一首讚美廣勝塔院的傑作：

鶴在中華文化中有崇高的地位，特別是丹頂鶴，是長壽，吉祥和高雅的象徵，常被與神仙聯繫起來，又稱為「仙鶴」。在中國、朝鮮和日本，人們常把仙鶴和挺拔蒼勁的古松畫在一起，作為益年長壽的象徵。

鶴立蛇行勢未休，

五天文字鬼神愁。

龍蟠梵質層峰峭，

鳳展翎儀已卷收。

正覺應同真聖道，

邪魔交閉絕蹤由。

儒門弟子應難識，

穿耳胡僧笑點頭。

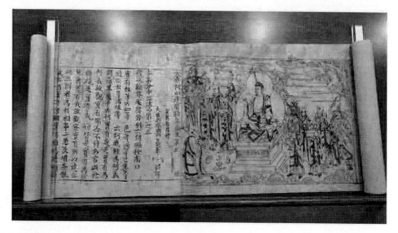

■《趙城金藏》是中國金代民間募資雕版的佛教大藏經。因其於一九三二年，在山西省
　趙城縣廣勝寺被發現，故名「趙城金藏」。現藏於中國國家圖書館。

　　從這首詩能夠感受到唐代初年廣勝寺的香火極為鼎盛，而且裡面還駐有
戴著耳環的胡僧，笑容可掬地站在門口頻頻點頭。明代詩人林中獻，嘉靖年
間曾經做過當時趙城縣的典史，在他的筆下，可以看到剛剛修葺一新的琉璃
寶塔的蹤影：

　　寺古前朝建，山靈歷代傳。

　　插天千尺塔，湧地萬尋泉。

　　松老棲雲鶴，僧閒種水田。

　　簿書忙裡度，暫得祈譚元。

　　從這兩首詩可以感覺到，廣勝寺和飛虹塔，從來都是帝王才子眼中的人
間聖境和建築精品。山是靈山，水是秀水，身處其間的廣勝寺飛虹塔更多
了幾分魅力。作為五座佛祖舍利塔之一的飛虹塔和曾在這裡珍藏的《趙城金
藏》，元代壁畫並稱為「廣勝三絕」。

　　飛虹塔是全國現存最大最完整的琉璃塔，在陽光的照射下，五彩斑斕的
的琉璃塔折射出耀眼的光芒，絢麗的色彩使得歷經數百年風雨的琉璃構件依
然歷歷如新。

閱讀連結

飛虹塔，塔身是由琉璃鑲嵌，俗稱琉璃塔。該塔始建於漢代，後來屢經重修。公元一五一六年始建，到一五二七年完工，歷時十二年建成的。

公元一六二一年，京師大慧和尚在飛虹塔的底層加建了一圈迴廊，就成了後來的規模。

公元一九六二年，有人又在飛虹塔第九層的蓮瓣上發現了「匠人尚延祿、張連文、王述章造」的字樣，這是迄今為止中國發現的古代琉璃塔中唯一留有工匠題款的建築精品。

朱棣下令仿照圖樣建寶塔

明朝明成祖朱棣在位時，有一位印度僧人班迪達自西域來到北京，向明成祖呈獻了五尊金佛和印度式「佛陀伽耶塔」，也就是金剛寶座塔的圖樣。

明成祖與他談經論法十分投機，便封他為大國師，並授予他金印，並在西直門高梁河北岸，為他建了一座寺，寺名為「真覺寺」。

■真覺寺大門

■真覺寺金剛寶座塔

　　後來，明成祖又下旨根據這位高僧提供的圖樣，在真覺寺內建造金剛寶座塔，並對真覺寺」重新修復。

　　公元一四七三年，金剛寶座塔終於建成了。這時的真覺寺前臨長河背倚西山，成為當時京城人重陽登高、清明踏青的好去處。

　　公元一七五一年，乾隆皇帝為了給其母做壽，第一次重修真覺寺，後來為了避雍正皇帝「胤禛」的名諱，乾隆皇帝把真覺寺改名為「大正覺寺」。

　　鎏金是將金和水銀合成金汞，塗在銅器表面，然後加熱使水銀蒸發，金就附著在器面不脫。關於金汞齊的記載，最初見於東漢煉丹家魏伯陽的《周易參同契》。而關於鎏金技術的記載，最早見於梁代。

　　公元一七六一年，是當朝皇太后的七十歲大壽，真覺寺作為祝壽的主要場所之一，又進行了全面修葺，並請來一千名僧人唸經，各國使臣都進貢了壽禮，朝中大臣們奔波於殿前塔後。

　　當時熱鬧繁華的情景被繪製在一幅彩圖中。圖畫再現了真覺寺當年的全貌：南臨長河，南北向中軸線上依次排列著牌樓、山門、天王殿、大雄寶殿、金剛寶座、毗盧殿、後大殿，東西分別列鐘鼓樓、廊廡配殿等大小兩百餘間

旁屋。寺內主要建築屋頂全部換上黃色琉璃瓦，在陽光照耀下閃閃發光，金碧輝煌，顯示出皇家寺院的威嚴與氣勢。

自清朝後期開始，真覺寺便逐漸衰落了，到了公元一九二五年左右，真覺寺內僅剩下一塔兀立於一片瓦礫之中。由於無人看管，寶塔的銅質鎏金塔剎多次被盜。

迫於無奈，在一九三七年至公元一八三八年，對真覺寺進行了一些簡單的修繕，增添了院牆、門樓及門樓兩側六間南房，院內圈地 30 畝。所慶幸的是，寺內兩棵與塔同齡的銀杏樹竟倖免於難。

金剛寶座塔使用的建築材料是磚和青石，內部磚砌，外表以磚瓦砌成。其建築外形可分為下層寶座和上層五塔兩部分。

銀杏樹又名銀杏樹，生長較慢，壽命極長，自然條件下從栽種到結銀杏果要二十多年，四十年後才能大量結果，因此別名「公孫樹」，有「公種而孫得食」的含義，是樹中的老壽星，古稱「銀杏」。銀杏樹具有欣賞，經濟，藥用價值。銀杏樹是第四紀冰川運動後遺留下來的最古老的裸子植物，是世界上十分珍貴的樹種之一，因此被當作植物界中的「活化石」。

寶座高 7 米多，建於高約 50 釐米的台基之上。寶座最下層是高近兩米的須彌座。

■金剛寶座塔後門

　　須彌座至寶座頂分作五層，每層均有挑出的石製短檐，檐頭刻出筒瓦、勾頭、滴水及椽子，短檐之下周匝全是佛龕，每龕內雕坐佛一尊，佛龕之間用雕有花瓶紋飾的石柱相隔，柱頭並雕出斗拱以承托短檐。

　　金剛杵又叫做寶杵、降魔杵等。原為古代印度之武器。由於質地堅固，能擊破各種物質，故稱金剛杵。在佛教密宗中，金剛杵象徵著所向無敵、無堅不摧的智慧和真如佛性，它可以斷除各種煩惱、摧毀形形色色障礙修道的惡魔，為密教諸尊之持物或瑜伽士修道之法器。

　　寶座的南北兩面正中各開券門一座，通入塔室。拱門券面上刻有金翅鳥、獅、象、孔雀、飛羊等圖飾。南面券門之上嵌有「敕建金剛寶座、大明成化九年十一月初二日造」銘刻的石匾額。

　　南面券門入塔室，中心有一方形塔柱，柱四面各有佛龕一座，龕內原有佛像已不存。在過室的東西兩側，各有石階梯四十四級，盤旋而上，通向寶座頂上的罩亭內。罩亭為琉璃磚仿木結構，亭之南北也各開一座券門，通向寶座頂部的台面，台面四周都有石護欄圍繞。

　　寶座外形的裝飾材料均為青白石。寶座平面為長方形，南北長 18 米多，東西寬 15 米多，南北立面各有一方形塔柱，塔柱東南西北四面各有一小佛龕。

　　寶座頂部的台面四周繞以石護欄，東西各有一罩亭。罩亭為琉璃磚仿木結構，亭之南北各開一券門通台面。五塔就建在這寶座頂部的台面上，中央為一大塔，四角各置一小塔。

　　摩揭陀印度古國。又作摩羯陀國、摩伽陀國、摩竭陀國、摩竭提國、默竭陀國、默竭提國、摩訶陀國。意譯無害國、不惡處國、致甘露處國、善勝國。為佛陀住世時印度十六大國之一。

　　五塔均為密檐式，全部採用青石砌成。中央大塔高約 8 米，下層為須彌座，其上有十三層密檐，每層密檐下周匝刻有小佛龕及佛像。塔剎為銅製。塔座南面正中刻有佛足跡一對，是佛的象徵，有「佛跡遍天下」之意。傳說佛祖圓寂之前留足跡於摩揭陀國一塊石頭上，後人刻佛足以示敬仰。

四角小塔形同大塔，只是高度約低大塔 1 米，塔檐十一層，塔剎為石製。

在寶座和五塔的須彌座上密佈著佛足跡、佛像、五佛寶座、八寶金剛杵、菩提樹、法輪、花瓶、天王、羅漢、梵文和卷草等。

金剛寶座塔雖然是以印度的「佛陀迦耶塔」為藍本，但還是融合了中國傳統的建築和雕刻藝術，是中外文化交流的實證。

中國現存的金剛寶座塔共有六座，在北京就有四座。其他兩座為內蒙古呼市的慈燈寺裡有一座，寺廟建於清雍正五年（西元一七二七年），一七三二年建成，建成後朝廷命名該寺廟為慈燈寺。後寺廟敗落，僅存五塔。

還有一座在雲南昆明官渡的妙湛寺裡，建於明天順二年（西元一四五八年），應該是「金剛寶座塔」圖紙傳到中國後，修建的第一座塔。它是中國現存年代最久的唯一用砂石構築的佛塔。

閱讀連結

金剛寶座塔位於北京市海澱區西直門外白石橋以東的長河北岸，高粱河是長河的一部分，關於高粱河還有一個傳說呢！

相傳，明朝初期，燕王和劉伯溫把北京選作都城，當時的北京是一片苦海，劉伯溫便命令掌管北京水源的龍王把水搬到別處，否則就修座門把他壓在底下。

龍王無奈，只好照辦。北京城建好後，龍王忌恨劉伯溫，便偷著把城中水井的水抽乾，放在水袋裡和龍母一起推著小車逃出了西直門。

劉伯溫知道後，派大將高亮騎快馬去追。高亮趕上了龍王，向車上的水袋猛戳一槍，立刻山崩地裂一聲響，高亮調馬便跑，快到城門時，他回首一瞧，見洪水滾滾，一個浪頭把他連人帶馬沖進了長河。

之後，水勢慢慢緩和下來，流入了長河。高亮為北京城保住了水源，人們為了紀念他，便在他被淹的地方修起一座白色的小石橋，取名「高亮橋」，這河也被稱為了「高亮河」，後音轉為「高粱河」。

國家圖書館出版品預行編目（CIP）資料

寶塔珍品 / 李丹丹 編著 . -- 第一版 .
-- 臺北市：崧燁文化 , 2019.11
　　面；　公分
POD 版

ISBN 978-986-516-084-5(平裝)

1. 名勝古蹟 2. 中國

684　　　　　　　　　　　　　　　　　108018206

書　　名：寶塔珍品

作　　者：李丹丹 編著

發 行 人：黃振庭

出 版 者：崧燁文化事業有限公司

發 行 者：崧燁文化事業有限公司

E - m a i l：sonbookservice@gmail.com

粉 絲 頁：　　　　　網址：

地　　址：台北市中正區重慶南路一段六十一號八樓 815 室

8F.-815, No.61, Sec. 1, Chongqing S. Rd., Zhongzheng

Dist., Taipei City 100, Taiwan (R.O.C.)

電　　話：(02)2370-3310 傳　真：(02) 2388-1990

總 經 銷：紅螞蟻圖書有限公司

地　　址: 台北市內湖區舊宗路二段 121 巷 19 號

電　　話:02-2795-3656 傳真 :02-2795-4100　　網址：

印　　刷：京峯彩色印刷有限公司（京峰數位）

本書版權為現代出版社所有授權崧博出版事業有限公司獨家發行電子書及繁體
書繁體字版。若有其他相關權利及授權需求請與本公司聯繫。

定　　價：299 元

發行日期：2019 年 11 月第一版

◎ 本書以 POD 印製發行